好的销售都会找卖点

销售精英都在用的销售技巧

莫顺如 ◎ 著

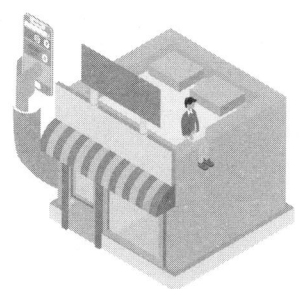

中国商业出版社

图书在版编目（CIP）数据

好的销售都会找卖点 / 莫顺如著. -- 北京：中国商业出版社，2019.7
ISBN 978-7-5208-0836-1

Ⅰ.①好… Ⅱ.①莫… Ⅲ.①销售 – 通俗读物 Ⅳ.①F713.3-49

中国版本图书馆CIP数据核字(2019)第145068号

责任编辑：张新壮　张盈

中国商业出版社出版发行
010-63180647　www.c-cbook.com
（100053　北京广安门内报国寺1号）
新华书店经销
北京富泰印刷有限责任公司印刷

*

880毫米×1230毫米　32开　9印张　225千字
2019年8月第1版　2019年8月第1次印刷
定价：45.00元

****

（如有印装质量问题可更换）

前言 Preface

星巴克于1971年在美国西雅图创办第一家店,如今,星巴克店铺已经遍布全球。是什么让星巴克从一间小小的咖啡屋发展成为国际最著名的咖啡连锁品牌?

苹果公司每发布一款电子产品前夕,果粉们都会在专卖店门口彻夜排队。苹果营销究竟植入了什么,从而撬动巨大的粉丝力量来完成产品的爆破式疯传?

可口可乐最为经典的口味畅销了一百多年,世界上几乎每个角落的人都在喝这种饮料,还对其极为上瘾。事实上,可口可乐曾改变过配方,但为什么最终还是回到了原点?

淘宝刚成立时默默无闻,是什么样的营销策略使淘宝在短短几年间就成为与全球电商巨头eBay齐名的电子商务网站?

探寻上述种种营销奇迹的背后,我们不难发现:它们无一例外都有着能够诠释产品或服务灵魂的大卖点!事实上,能够在第一时间吸引人们关注的往往不是产品或营销本身,而是产品或服务的灵魂——大卖点。

在这样一个营销被移动互联网颠覆的新时代,客户的心智接受能力却是有限的,面对着扑面而来的海量信息,身体的保护机制会自动过滤掉那些无价值信息，最终能够进入客户心智的信息其实并不多。再加上如今的信息传播已经不是最初的单向自上而下式，而是演变成了多点对多点的立体网状式，以往那些靠价格战赢取利润、靠物美价廉畅销世界、靠技术专利垄断市场、靠与商业对手竞争获胜的时代，显然早已过去。我们迎来了一个用大卖点来赢得客户的心，从而建立品牌影响力的时代。

你准备好了吗？请跟着本书一起来梳理寻找卖点的逻辑步骤吧。

第一步：定位。你必须深入了解客户的行为心理，能够根据客户的心理地图找到客户的消费心理"舒适区"，找到客户对卖点价值的评估。你要利用客户的这些特点，介入客户的决策过程，并使品牌占据其心智。

第二步：入口。客户购买产品的过程，是一个"感知卖点→判断卖点→做出决策"的过程，其购买行为的产生受到文化因素、社会因素、个人因素、心理因素等的相互作用与影响。你需要找到影响客户行为心理的因素和规律，利用这些因素和规律，影响客户对卖点的感知与决策过程。

第三步：锁屏。你必须找到产品的优先客户群，充分了解他们的心理特征、接受曲线，从卖点感染力设计、调动参与感等角度鼓励他们成为产品的忠实粉丝。搞定优先客户群，就能完成产品最初的口碑传播，为之后的爆款营销奠定坚实的基础。

第四步：逻辑。提炼卖点的逻辑大致有八种，分别是卖体验、卖故事、卖创意、卖痛点、卖品牌、卖价格、卖身份、卖情怀。你只要循着这八种逻辑找对卖点，利用卖点诠释产品和服务的灵魂，并充分调动客户的参与感，使其体验超预期，大卖点自然就能转化为大利润。

第五步：提问。绝大多数情况下，"客户要买的不是钻头，而是墙上的洞"。你不要根据客户说出的需求来进行卖点匹配，而是要问出客户的异议、不满、期待以及更真实的需求，这样才能使卖点营销更为精准化。

第六步：故事。很多时候，人们不是被产品或销售人员所吸引，而是被产品背后的故事所吸引。故事比事实、逻辑、信息甚至个人观察都更有说服力。你需要掌握讲好一个产品故事的必备技能。

第七步：信任。准确评估客户的信任生态系统，采取积极行动，在细节处用心，建立客户对销售人员以及产品的好感，信任红利就会源源不断地涌来。

第八步：上瘾。卖点营销的最高境界就是让客户与产品持续"热恋"。你需要解决的问题就是，如何让客户一直沉迷于"热恋"状态，对产品上瘾，离了产品就觉得没意思。

如何诠释卖点，在营销领域是一门需要销售管理者及销售人员学习的技术。销售人员需要洞察客户行为背后的社会文化密码，运用严密的逻辑思维引导客户，诠释卖点并打动客户，最终让客户心甘情愿地埋单并转化为"忠粉"。

目录 Contents

第1章 定位：用卖点与客户产生联系

卓越的品牌营销必须建立在卖点的基础之上。但只有卖点显然是不够的，你必须找到客户非理性狂热购买与产品卖点之间的触发点。具体如何操作？首先，你要了解客户的消费行为心理以及心理地图；其次，你要找到并利用客户的心理"舒适区"来影响客户的选择决策；最后，你要及时将卖点价值与客户价值迅速链接，并使品牌卖点有效占据客户的心智空位。

1.1 客户消费 VS 动物精神 /3

1.2 心理地图对卖点的冲击 /10

1.3 三分钟找准客户消费心理"舒适区" /18

1.4 占据客户心智中的"有效空位" /23

1.5 卖点价值基于客户价值 /31

1.6 卖点与客户链接的捷径 /37

第 2 章　入口：寻找影响客户购买行为的因素

客户购买产品的过程，是一个"感知卖点→判断卖点→做出决策"的过程。客户的购买行为是复杂的，其产生受到文化因素、社会因素、个人因素、心理因素等的相互作用与影响。比如，客户个体消费行为容易受到群体行为的影响；客户会根据个体偏好来对接产品卖点；客户会因不同的心理需求层次产生不同的消费选择；客户的"心理账户"、感官等因素也会对其行为产生巨大影响等等。

2.1　客户个体消费行为 VS 乌合之众　/45

2.2　洞察客户的偏好　/50

2.3　客户的"马斯洛需求层次"及其规律　/57

2.4　隐藏在购买背后的感官秘密　/61

2.5　"心理账户"对客户行为的影响　/68

第 3 章　锁屏：如何找到优先客户群

产品的采用者分为创新者、早期采用者、早期追随者、晚期追随者和落后者。其中，创新者是勇敢的先行者，自觉推动产品的升级迭代；早期采用者多在产品营销中扮演引领潮流的"公众意见领袖"的角色；早期追随者，与普通人群相比，他们更愿意体验新产品、新创意。在营销中，这三类人群是优先客户群。如果在卖点营销推广前期，搞定这三类人群，他们就能帮助产品完成口碑传播，产品的营销利润自然会呈爆破式增长。

3.1　穿客户的鞋走上一公里　/75

3.2　以客户接受曲线设计卖点导入时间　/82

3.3 你的社交媒体里，藏着挖掘不尽的客户 /88

3.4 渲染卖点感染力，使客户持续关注 /93

3.5 参与感是客户无法抵挡的吸引力 /99

3.6 忙碌≠高效，影响力使卖点自带光环 /104

第4章 逻辑：提炼卖点的技巧

卖点的逻辑无非八种，卖体验、卖故事、卖创意、卖痛点、卖品牌、卖价格、卖身份、卖情怀。只有沿着这八种逻辑找对卖点，提炼卖点，用卖点诠释产品和服务的灵魂，你才能搞定客户。

4.1 卖体验：超越客户预期，就能带来惊人业绩 /111

4.2 卖故事：故事讲对了，产品就能卖出去99% /117

4.3 卖创意：将产品"灵感小火花"转化为超级大单的秘密 /122

4.4 卖痛点：挖掘产品小数据，满足客户大需求 /127

4.5 卖品牌：用品牌占据客户心智 /132

4.6 卖价格：便宜，便宜，还是便宜 /137

4.7 卖身份：消费升级 VS 贵族品位 /142

4.8 卖情怀：有温度，有态度，更有范儿 /148

第5章 提问：问对问题，讲对卖点

销售人员给客户讲错卖点的概率有多少？90%！销售人员误以为客户在意的卖点是环保、送货快、保真、性价比高、款式新等。其实客户真实的需求并不一定是这样的，更多的时候"客户要买的不是钻头，而是墙上的洞"。如果你

3

不能真正搞明白客户的需求，就不能精准把握客户的异议、不满和期望，就很难找到卖点的突破口，让客户心甘情愿地掏钱包自然是天方夜谭。

5.1 提问时的手势与身体信号 /155

5.2 What，Why，How /160

5.3 深度提问，探知潜在需求 /165

5.4 问出异议，找出卖点突破口 /172

5.5 聆听：解决卖点提问中的"致命缺陷" /178

第6章 故事：卖点叙述六要素，轻松赢得客户心

"故事"在史前石器时代就开始出现了，至今，人们依然津津乐道于故事这种叙述方式。任何一种爆品或爆破式营销背后，都有一些能够引发人们情感共鸣的故事。更多的时候，人们不是被产品或销售人员所吸引，而是被产品背后的故事所吸引。故事比事实、逻辑、信息甚至个人观察都更有说服力。

6.1 认同感真相：卖故事就是"爱情激素" /185

6.2 惊喜感→吸引力→持续关注卖点 /191

6.3 颠覆式创意+具体描述=卖点疯狂生长 /195

6.4 轻易俘获客户的四种情节 /199

6.5 故事里的价值主张 /205

6.6 讲好一个故事必须绕开的"陷阱" /210

第7章 信任：如何用卖点赢取客户的信任

营销大师乔·亚伯拉罕说过一句很经典的话："销售的本质就是信任，这是客户购买你产品或服务的唯一理由，也是客户购买你产品的充分必要条件。"信任是链接卖点与客户的最短途径。一般情况下，客户在初次接触产品或销售人员时，或多或少都会产生不信任感。销售人员只要准确评估客户的信任生态系统，采取积极行动，在细节处用心，信任红利就会源源不断地涌来。

7.1 卖点营销的本质是信任 /215

7.2 评估客户的信任生态系统 /220

7.3 建立客户对你的好感 /225

7.4 诚实→动机→能力→成果 /231

7.5 最能吸引客户的往往是容易被疏忽的小细节 /237

7.6 公开透明化卖点的不足之处 /242

第8章 上瘾：如何让客户与产品"谈恋爱"

如何让客户与产品展开一场谈也谈不完的恋爱，让客户为产品疯狂上瘾？超预期口碑，最匹配的影响者，Get到客户兴趣的DNA，触发使用习惯模式，迭代快跑，建立心锚，持续投入……撩到客户的秘密就在这些关键词中。

8.1 口碑，口碑，还是口碑 /249

8.2 用影响者引爆粉丝效应 /254

8.3 寻找产品卖点与客户习惯的最佳链接点 /261

8.4 卖点营销也需要快跑与迭代 /268

8.5 聚焦卖点感动因素，让客户成为产品的狂热粉丝 /272

第 1 章

定位：
用卖点与客户产生联系

▼

卓越的品牌营销必须建立在卖点的基础之上。但只有卖点显然是不够的，你必须找到客户非理性狂热购买与产品卖点之间的触发点。具体如何操作？首先，你要了解客户的消费行为心理以及心理地图；其次，你要找到并利用客户的心理"舒适区"来影响客户的选择决策；最后，你要及时将卖点价值与客户价值迅速链接，并使品牌卖点有效占据客户的心智空位。

1.1

客户消费 VS 动物精神

优秀企业的品牌营销，无一不是建立在对人性深刻洞察的基础上。传统经济学中，总是假设消费者是理性的，会按照成本收益来购物。事实上，生活中的消费者总是会作出各种令人匪夷所思的"非理性"决策。

2015 年，世界银行发布一份报告《头脑、社会和行为》，此报告是建立在过去几十年对大量人的行为研究的基础上，证明人并不像传统经济学中完美的理性人那样行事，相反很多时候是不理性的。

2017 年的诺贝尔经济学奖得主理查德·泰勒，将心理学上的现实假设纳入现实生活中的经济决策分析中。通过探索人们有限理性、社会偏好和缺乏自我控制的后果，他指出了完全理性的经济人不可能存在，人们在现实生活中的各种经济行为必然会受到各种"非理性"的影响。客户非理性消费的产生取决于消费者的三种思维方式，即直觉式思维、社会化思维和模式化思维。

一、客户的直觉式思维

美国的行为经济学家、诺贝尔经济学奖得主丹尼尔·卡尼曼指出，人的思维中存在着两套系统：一套快，一套慢；一套无意，一套刻意。如图1-1所示。

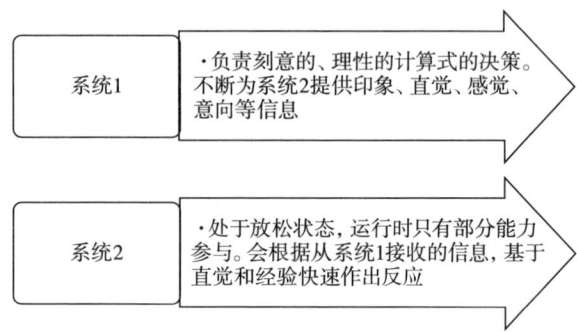

图1-1 思维的两套系统

人们在消费时，很多决策都是基于直觉做出的。比如是买咖啡还是要买茶叶，并不需要去深入思考哪一种成分更好，更有益于身心。再比如，要不要在有风雪的天气里去电影院看一场电影。理性的决策是在家里不出门，而假如早已买了票，很多消费者并不会考虑天气因素，即使冒着风雪也会去看电影。由此可知，客户在消费的时候，更多情况下，是习惯促使他作出决策。

二、客户的社会化思维

客户的消费行为深受社会环境、社会规范以及社会文化的影响。特定的社会环境、规范以及文化的变化，会增加客户消费动机的复杂性。

三、客户的模式化思维

客户在接受一件新产品时，习惯通过归类、比较、贴标签等方式来认识并阐释。这种模式化的认知又受到特定的文化或氛围的影响。这使得人们并不会全面且不带偏见地从产品外部信息中作出最优决策,相反人们会对产品进行选择性接受。

我们可以通过预测并引导客户的这种非理性思维,使客户对产品卖点产生兴趣,进而作出购买决策,产生购买行为。

1.1.1 相对比较模型

假设你和朋友要选择一家餐厅就餐。朋友提出两家餐厅,一家是做川菜的,一家是韩国料理。它们各有特色,川菜馆味道正宗,麻辣得别有滋味;韩国料理店环境非常好,口味也不错。你不知道选哪一家好。但此时,如果附近有一家日本料理店,这样一来,选项有三个。由于韩国料理和日本料理风格比较接近,但因为价钱以及环境问题,你觉得韩国料理更胜一筹。此时,你就会不自觉地选择了韩国料理。

为什么最终选择韩国料理,而不是川菜馆或日本料理呢?这就涉及客户在面对选择时所呈现的非理性的一面了。

客户在进行消费时,他最终的选择和决策并不是根据产品的价格、质量等属性单独进行判断,而经常会受到决策环境的影响。相对比较模型就是典型的决策受情境影响的现象,如图1-2所示。

当人们对不相上下的A或B进行选择时,因为新的干扰项C的出现,会使某个旧有的目标选项凸显出吸引力。被干扰项帮助的选项通常称为"目标项",而另一选项被称为"竞争者"。在上文的选择餐厅场景中,日本料理是干扰项,川菜馆是竞争者,目标为韩国料理店。

销售人员在向客户阐述产品时,可以使用这种相对比较模型,先设定特定的"目标",然后找出一个"竞争者",最后添加

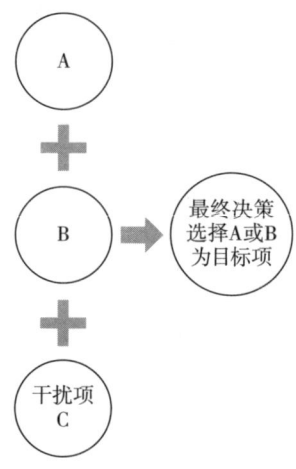

图1-2 相对比较模型

"干扰项",使得目标相比较更加凸显。

例如麻省理工学院的斯隆管理学院曾经让100名学生选择订阅《经济学人》杂志:

第一种:单订电子版,59美元;

第二种:单订印刷版,125美元;

第三种:合订印刷版加电子版套餐125美元。

结果是:有16人选择单订59美元电子版;有0人选择单订印刷版125美元;有84人选择合订印刷版加电子版套餐125美元。

在这里,中间的选项是"干扰项",设置这个选项,就是为了凸显"目标"优势,让更多的人选择"目标",这是杂志社营销的目的。当把中间这个明显没有人会选择的选项去掉,只剩下单订电子版与合订套餐这两个选项时,单订电子版的人数上升到68人,选择套餐的只有32人。

1.1.2 消费中的锚定效应

美国的行为经济学家、诺贝尔经济学奖得主丹尼尔·卡尼曼与阿莫斯·特沃斯基做过这样一个实验：他们制作出一个刻有0~100数字的幸运轮盘，并对其进行改装，使得指针只能停在10或65的位置上。一人站在实验者们前面来转动幸运轮盘，让这些实验者记下轮盘停下来时的数字（这些数字只可能是10或65）。之后，他们问了实验者们两个问题：

（1）你刚才写下的关于非洲国家占联合国（所有成员国）的百分比的数字大还是小？

（2）你认为联合国中非洲国家所占的比例最有可能是多少？

那些看到10这个数字的实验者估值平均为25%，那些看到65这个数字的实验者估值平均为45%。

丹尼尔·卡尼曼和阿莫斯·特沃斯基的这个实验所证实的就是锚定效应对人的决策力的影响。所谓锚定效应，指当人们需要对某个事件做定量估测时，会将某些特定数值作为起始值，起始值像锚一样制约着估测值。人们在做决策的时候，会不自觉地给予最初获得的信息过多的重视。

销售人员可以使用锚定效应来强化卖点，使客户做出购买决策。限量购买、凸显价格、给客户设置选择等，都属于使用锚定效应强化卖点。例如：

在星巴克，门店配备了中杯、大杯、超大杯三种杯型，但并非没有小杯，而是通过店员的锚定效应被巧妙隐藏起来。一般店员会问客户："您要来大杯还是中杯？"这句话中，客户的参照物只有大杯或中杯，因为这种起始值比较高，他以此为"锚"，在进行估测时，就会不自觉提升估测值，因为他不会想起喝小杯咖啡，而是直接在中杯与大杯之间进行选择。

1.1.3 免费，免费，还是免费

免费是唤起客户消费热情，充分激发客户非理性消费思维的有力武器。客户本来不想买也不想用的产品一旦免费，就会非常吸引人。比如超市里的买一送一活动，买产品送赠品活动，等等，客户本来并不想买，但因为这种免费的吸引力，不知不觉就产生了购买行为。

在移动互联网时代，免费商业营销模式无处不在，免费搭车、免费打电话、免费看报纸、免费吃饭……免费已经成为最厉害的营销手段。许多企业因采取了免费商业营销模式而在营销领域取得了突飞猛进的业绩。免费成为产品卖点与客户之间产生链接的最佳途径。

360 的成功可以说是得益于免费商业模式。周鸿祎说："如果你能够有一种免费的商业模式，它就是世界上最好的营销模式，因为不需要花很多广告去做推广，本身就能形成口碑。"

2006 年，360 在运营中就有了"基础服务应当免费"这一理念，免费成为它的一大卖点。当时，周鸿祎的 360 免费服务预计有上亿元收入，他却决定放弃，甚至放弃上市的机会，使客户永久免费使用 360 杀毒软件。

当时，很多杀毒软件厂商看不清 360 的运营模式，他们实在想不透，360 如何将免费进行到底。而这想不透，也恰恰给了 360 发展机遇。2010 年开始，大多数互联网客户都选用了 360 杀毒软件，此时，360 又推出了 360 搜索，通过互联网给网民进行推广

第1章 定位：用卖点与客户产生联系

赚钱。到了2012年，360收入超过10亿元，客户数量达到4亿人。360的免费商业营销模式创造了强大的客户价值和商业价值，已经颠覆了整个杀毒软件行业。

1.2

心理地图对卖点的冲击

一些情况下,销售人员会发现尽管自己的产品不断迭代更新,但是客户最终选择的,却是一件实际价值不如自己产品的同类品。客户为什么如此不理智?

作为销售人员,自然很清楚自身产品的卖点价值,也了解市场同类产品能够为客户提供的价值,能够在此基础上进行理性对比和判断。但是,作为客户,他们对同类产品市场的状况并不是特别了解。他们习惯根据已有的信息与经验,对产品卖点进行估值,并根据估值的大小来进行判断,最终做出购买决策,尽管这种决策并不是理性的。

客户很难认识到产品卖点的实际价值,他们更相信自己对产品卖点的估值。因此,只有提高客户对产品卖点的估值,才能赢得客户与口碑。而要提升客户的心理估值,我们必须要了解特定客户群或客户个体的心理地图。

心理地图这种说法是心理学家阿尔弗雷德·科斯博斯基提出的。他认为,每个人出生之后进入成长阶段,他所接触、了解或感受的一切,都会以特定的思维模式绘制出心理地图;心理地图进而会影响到他的思考、情绪与行为。

从产品或品牌的角度来说,不管销售人员是否表达出来,产

第1章 定位：用卖点与客户产生联系

品或品牌一旦被发现，就一定会在客户心中留下印象，然后经过收集、总结和归纳，最终形成心理地图。客户的心理地图绘制结束之后，就会被提炼成客户对于产品或品牌的最初印象。

客户的心理地图具有一定的主观性，并不是现实的再现，而是对现实的再加工，具体到每个个体之间。由于性格、阅历、知识、环境等因素的影响，人们的心理地图存在很大的差异，如图1-3所示。

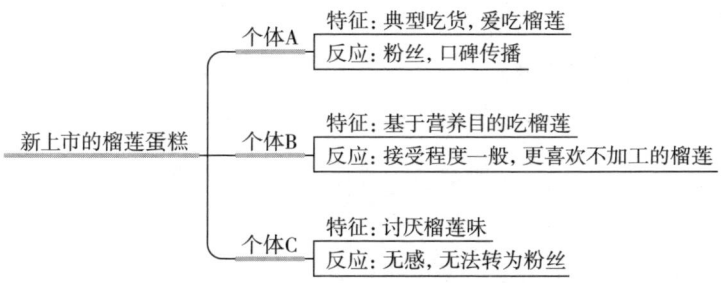

图1-3 个体心理地图的差异

我们可以看出，同一产品在传递过程中，由于每个人心理地图的基础不一样，再加上产品卖点向客户传达的过程中，会经过各种各样诸如文案、宣传、营销等多种环节的呈现，已经很难向客户真正传达关于产品卖点的客观事实。客户无法客观识别卖点价值，自然也就无法作出客观的心理估值。

1.2.1 两点之间，感官最短

客户基于心理地图对产品或品牌作出的估值，是从自身角度为出发点和利益点的。因此，销售人员在向客户传递产品或品牌信息时，应该尽可能传递客户认为有趣、有价值、重要的信息，而不该是销售人员感兴趣的信息。除此之外，销售人员还应该尽可能缩短产品或品牌的卖点到达客户的距离。那么,实际中又该如何做呢?

客户在绘制心理地图之前,思维通常会抢先一步进行想象、体验,在他想象的过程中,会逐步分析并构建产品场景以及价值。因此,如果在客户想象思维的初始阶段,就对客户施以强大的刺激,客户最终绘制的心理地图就会发生改变。

倡导感官营销的美国心理学家科瑞斯纳与他的两位同事进行过这样一个实验:给铅笔浸染上茶树油的气味,请一部分被试者感知这种特殊的铅笔,而另一部分被试者则感知普通铅笔。两周后,他们发现,拿到茶树油气味铅笔的被试者对品牌和其他细节的记忆只遗忘了8%,而只拿到普通铅笔的被试者,对品牌以及其他细节的记忆降低了73%。这说明,感官对人的情绪乃至记忆有着深远的影响,其效用甚至超过语言。

两点之间,感官最短。感官刺激是产品或品牌到达客户心智的捷径。从另一个角度来说,因为感官刺激到达客户的环节最少,因此,感官营销可达到尽可能准确传达产品或品牌价值的目的,如图1-4所示。

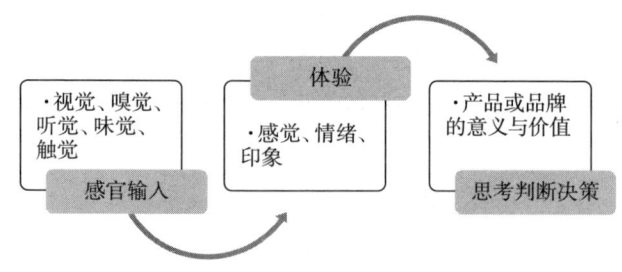

图1-4 客户感官感知产品或品牌的思维过程

利用这一点,销售人员可迅速对客户心理地图施加影响,使客户对产品或品牌留有美好、深刻、难忘的印象。我们用下面的

"烤鱼"营销文案来例证感官对心理地图的作用。

注重感官输入的文案:"烤鱼的滋滋声""烤架上弥漫着阵阵香气,味道好极了""鱼肉外酥里嫩,嗯,好香啊,快来尝一尝"。

注重体验输入的文案:"烤鱼肉真的超级好吃""吃烤鱼的感觉太爽了"。

注重判断输入的文案:"这家店的烤鱼性价比高""正宗地道的烤鱼就在本店"。

这三种营销文案虽然都是在说烤鱼的美味诱人,但是第一种注重感官输入的文案显然最能唤起客户的想象力,也最能迅速引发客户前来体验。在这个文案被阅读、被理解的过程中,客户就会对烤鱼绘制出一张高估值的心理地图,从而对这家店里的烤鱼充满了期待。

1.2.2 提升首因效应的"亮度"

所谓首因效应,指个体在社会交往认知过程中,通过第一印象信息输入个体的认知感受,简单来说,就是先入为主的第一印象。首因效应这一心理学概念是由美国心理学家洛钦斯首先提出的。首因效应越强大,其他人或事物的信息对个体产生的影响就越大。

洛钦斯还做过一个实验来力证首因效应的影响力:他分别向四组大学生介绍某位陌生人。他对第一组大学生说,这个人是个性格外向的人;他对第二组大学生说,这个人是个性格内向的人;对第三组大学生,他先说这个人性格外向,再说这个人性格内向;对第四组大学生,他先说这个人内向,后说这个人外向。

结果发现：第一、二组的大学生在描述这个人性格时，和他的描述相符；第三组和第四组大学生因为受到首因效应的影响，回答截然相反，第三组大学生认为这个人性格外向，第四组大学生认为这个人性格内向。

首因效应同样适用于营销领域。事实上，当产品或品牌第一次与客户接触时，留下的第一印象会成为客户绘制心理地图的雏形。一旦奠定了心理地图的基调，客户在其后对产品的感知中，这种关于基调的印象就很难再被改变，他们总是会根据首因效应所形成的心理地图对产品或品牌进行估值。

产品或品牌可以通过借力来创造完美的第一印象。这就像是某个人，如果这个人自己夸赞自己有多好，你不会有多认同，但是如果周围很多人都说他好，你也会对他产生良好的第一印象。王老吉就是借这种方法，刷新客户的三观的。

在汶川地震期间，网络上有几条热帖，诸如《让王老吉从中国的货架上消失！封杀他！》《王老吉，你够狠！》等，言辞相当激烈。但是当网友们打开帖子查看究竟时，才发现是正话反说。原来王老吉向地震灾区捐款一个亿，这可是当时民营企业单笔捐款的最高纪录。网友大喊："为了'整治'这个嚣张的企业，买光超市的王老吉！上一罐买一罐！"这一年，正是通过宣传这种正能量的印象，王老吉赢得了更多客户的信赖，销售量也是突飞猛进。

1.2.3 超预期重构心理地图

生活中经常出现这样的场景：在客户的心理地图中，通常对某件产品心怀期待，充满向往。在这种高估值的情况下，客户会

第1章 定位：用卖点与客户产生联系

产生强烈的购买欲望。可是，当客户真正买来心仪的产品，并经过一段时间使用之后，可能购买前的愉悦感就不断减少了。再过一阵子，会认为这款产品存在种种不足，甚至考虑选择另外一款产品。客户从高期望值一下子跌到了无所期望，心理地图也开始呈现负走向的趋势。

为了让客户的估值始终保持在高水平，销售人员需要始终让客户有所期待，使客户成为产品的忠诚粉丝，这样才能持续产生好的口碑。

在腾讯，无论是腾讯的QQ还是微信，一经推出，客户数量都是突飞猛进地迅速疯长。

2015年，当《哈佛商业评论》记者采访马化腾时，马化腾就针对"准确把握客户需求"的观点说过下面一段话："这是一条孤独之路，但用最笨的方法往往才能最快地跑完全程。'不积跬步，无以至千里'。要像'小白'客户那样思考，并每天高频使用产品，不断发现不足，一天发现一个，解决一个，就会引发口碑效应。要抹掉身份去客户那里潜水，听取不同的声音和反馈。在腾讯，有一个'10/100/1000法则'——产品经理每个月必须做10个客户调查，关注100个客户博客，收集反馈1000个客户体验。这个方法看似很简单，但行之极难。"

面对客户体验过程中所反馈的意见，腾讯产品研发团队对其进行筛选，在此基础上不断进行产品改进。总的来说，他们的产品创造遵循"客户反馈—改进—再反馈—再改进"这样一条思路。拿QQ飞车团队来说，他们就是从以下四种途径来获取客户的直接需求的，如图1-5所示。

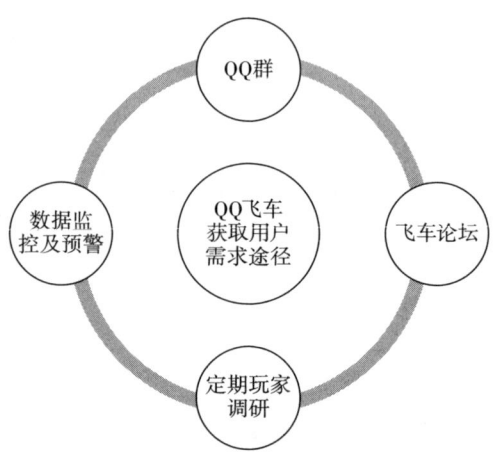

图 1-5　QQ 飞车获取客户需求的途径

1. QQ 群

策划团队的每个成员的 QQ 上都有超过 100 名玩家好友,以及 10 个以上的飞车游戏相关 QQ 群。策略团队成员会在第一时间把握玩家动向,精准掌握玩家需求。

2. 飞车论坛

这个产品论坛有"策略交流"版块,游戏产品策略团队成员会定期从该版块的手机玩家处拿到意见或建议,作为后续不断优化的重要参考。

3. 定期玩家调研

游戏的每个新版本发布后,都有关于该版本的满意度调查,并有玩家测试体验。飞车团队成员由此了解玩家的满意度以及需求变化情况。

4. 数据监控及预警

QQ 飞车团队每天 24 小时对游戏数据进行监控,对异常数据变化有相应的预警机制。这样能在第一时间从根源处分析数据、发现问题，并进行紧急处理。

QQ飞车通过以上四种途径精准把握客户需求变化，根据反馈对产品进行不断升级，以获得客户满意度、认可度更大的提升，使客户的体验远远超过预期，并且持续维持一种对产品的期待感。在客户的这种超预期体验下，其心理地图也在不断发生变化，基于对产品的完美体验，完成了一次又一次心理地图的重构，客户的性质也从普通客户成为愿意不断完善改进产品卖点的忠实粉丝。

1.3 三分钟找准客户消费心理"舒适区"

对于绝大多数人来说,"舒适区"是一种正常情况下的理想状态,是群体或个体人为构想出来的一个使群体或个体保持安全感和免受不舒服感觉的边界。对于客户群体或个体"舒适区"的界定,涉及一系列社会与个人假设,而这些个性化的假设能反映出特定消费群体或消费个体的世界观。

以减肥来说,"管住嘴,迈开腿"是减肥的不二法门。吃绿色健康的饮食,少吃油腻食物,不喝高糖饮料,每天快走一万步等,使消耗的能量比摄入的能量少。但是,这种有效的减肥方式却并不是人人都愿意认同的,因为在饮食与运动上的限制,超出了他们的心理舒适区。相比这种辛苦的减肥方式,一些减肥群体更倾向于:

一个月减10公斤,按摩某几个穴位就搞定;

左旋肉碱,让你的脂肪快速燃烧;

每天十分钟,练出小长腿;

越吃越瘦的10种食物;

……

可以看出,部分肥胖人群喜欢待在心理舒适区里,不愿意去改变自己的饮食以及运动习惯,他们宁可相信一些并不那么有效或者有一些副作用的减肥方式,也不愿意狠下心来,走出心理舒适区,靠运动与饮食来减肥。

从营销的角度来说,那些能把客户带回心理舒适区的营销行为,往往有着很大的研究价值与实用价值。一方面,销售人员可利用客户的心理舒适区,积极锁定位于心理舒适区之内的行为,从而刺激客户产生消费动机。比如,某些健身俱乐部可以按照客户要求,制定出与健身计划相匹配的食谱来吸引客户;某些邮件商家可对邮件软件进行处理,使客户优先处理错过的信息,等等。另一方面,销售人员可以采用一些策略进行适当干扰,诱导客户走出心理舒适区,切换到客户愿意冒险的模式。在这种模式下,诱发客户的冲动性购买行为。

1.3.1 买点=卖点,切入客户舒适区

客户群体或个体的心理舒适区是截然不同的。注重仪表的人,会在每次出门前精心打扮,甚至可能要花上一个小时的时间。而对于不修边幅的人来说,这种精致打扮自己的行为显然超出了他们的心理舒适区,他们懒得打扮。对于野心勃勃的职员来说,和上司说话之前,可能会先吃一颗清新口味的口香糖。而对于缺乏职场斗志的职员来说,少和上司接触,安分守己做好工作便是他们的心理舒适区。

从营销的角度来说,对于不同的客户群体以及个体,销售人员需要根据特定的文化、阶层、普遍性格来划分其心理舒适区范围,并尽可能在这个范围内找到客户能够埋单的理由。

如果你要销售一篮子橙子,那么,你应该了解你所面对的客户群普遍的心理舒适区,然后切入进去并找到特定客户群的卖点

好的销售都会找卖点

所在。客户的买点就是最大的卖点,而这个买点又因为时间、地点、需求的不同而不断进行着变化。比如:

1. 健身房的客户群

此类客户群的心理舒适区关键词为:自由、运动、健康、健美。此时,你的营销关键点需要放在"健康,富含维生素 C"这个层面。

2. 高端社区的客户群

此类客户群的心理舒适区关键词为:营养、健康、绿色、无污染、有机。你的营销关键点需要放在"绿色、有机、无公害"这个层面。

3. 景区的客户群

此类客户群的心理舒适区关键词为:解渴、营养、新鲜,你的营销关键点需要放在"生津止渴,鲜美多汁"这个层面。

我们再举一例。在以往的"黄金周"里,很多商家都是大打价格战。但是,随着消费者消费品质的升级,价格战显然已经收效甚微。此时,能够切入特定客户群的心理舒适区,并实施使特定客户群感到舒服的策略,就显得尤为重要。

在 2017 年的国庆"黄金周"期间,苏宁易购以"小确幸"为主题,借助"买点"走进了客户的心理舒适区,营销方式温情、走心、有创意,从而在"黄金周"期间的销售业绩相当好。

在"黄金周"来临之前,苏宁易购就做足了功课。先是请一群"成精"的家电代表手拿标语走上街头,对人类进行抗议,"控诉"的都是人们普遍关注的微小细节问题,如平衡夫妻感情、维护家庭和谐、活跃社交等,此举迅速抓住了客户的好奇心,引发了聚焦。在这一事件后,苏宁易购又在一线城市地铁主干道推出一组"小确幸"海报。海报文案非常走心,诸如"小确幸就是冬夜里围在一起涮火锅"等,客户很快就产生了共鸣,想去苏宁易购扫货。

而客户在进店后,也的确体验了一把实实在在的"小确幸":扫趣味二维码,得到意想不到的礼物。有位客户在购买电视时,扫到一盒坚果,上面有"多陪家人一起看电视"的温馨提示。这让客户感慨万千,对这个小心思非常感动。

苏宁易购利用"小确幸"以小博大,直击购买家电的客户的心理舒适区,使他们有非常舒服的购物体验。苏宁易购也因此完成了一场成功的营销小逆袭。

1.3.2 提高外界干扰项来影响选择

行为经济学家查理德·H·塞勒和卡斯·R·桑斯坦提出了"选择构建法",即通过有意识地调整人们选择的呈现方式,使人们在外界因素的影响下,改变自己的决策。诱导人们走出心理舒适区,做出非理性购买决策,也可以参照这样的方法。利用一些外在因素,对客户施加影响,使客户愿意将舒适模式切换为非理性的冒险模式。

比如,在一些新式商场内,他们不仅为客户提供酒类、各式饮料、免费零食等,还利用新风系统使空气中富含大量的氧气,再以绿色植物装点环境,使得整个购物环境令人心旷神怡。再加上音乐、灯光的刻意设置,使购物的客户在这种外界干扰状态下,虽然已经逛得非常疲劳,并且已经购买到想要的东西了,但平时的自律感却在这种情况下偏离了正常轨道,从而做出一些非理性的购买决策。

需要注意，诱导客户走出心理舒适区所施加的外界干扰因素，必须让客户觉得他切换为非理性模式是"值得做"和"容易做"的。如果客户觉得改变带来的价值很高并且容易改变，他自然乐意走出心理舒适区进行改变；如果客户认为改变的价值很高但实现却有一定难度，他就有可能不想走出心理舒适区进行改变。

举例来说，一位客户来买手机，他现在所用的手机已经买了三四年时间，显然过时了，但这款手机在当时售价很高。对于这位客户来说，他使用手机时，心理舒适区的关键词为：崇尚品牌、实用、前沿、虚荣，且有点恋旧，如果销售人员没有找到客户心理舒适区的这些关键词，妄自判断，就无法对这个客户施加合适的外界影响因素，无法诱导客户走出这种心理舒适区，来接受一款新手机。

1.4 占据客户心智中的"有效空位"

全球顶级营销专家,定位之父艾·里斯和杰克·特劳特在他们的《定位》一书中指出,在潜在客户的心智中"找空位"是营销领域中的最佳战略之一,空位有用与否,不一定非得看它是否令人振奋、引人瞩目甚至对顾客十分有利。要在人的心智中"找空位",只要能创立一个你就是第一的认知,你即使不是第一也能成功。潜在客户心智中的空位一般包括以下这些方面,如图1-6所示。

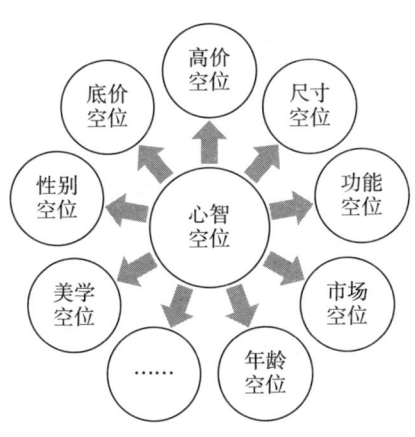

图1-6 潜在客户心智中的空位

众多品牌和商家应用该理论均取得营销领域的成功，比如，加多宝凉茶就利用了功能空位，将自己定位为一个"凉茶"的饮品；劳力士手表是价值昂贵的手表，它对等了客户的高价空位心理；作为时尚跟随者的唯品会，潜入了市场空位，定位为"一家专门做特卖的网站"，等等。

在寻找客户心智中的空位时，要注意避免一种思维陷阱，即如果能够同时覆盖客户的所有定位，那么总会有一个定位可以契合客户的心理需求。事实上，这样的思维会导致卖点营销最终陷入僵局。但想要避免的话，该怎么做呢？

艾·里斯和杰克·特劳特认为，要想找到空位，必须具有逆向思考的能力，"反其道而行之"，如果人人都朝东走，那就看看能不能找到一个空位往西走。

一般所谓的逆向思维，即指打破固有思维模式、突破常态的一种思考问题的方法。逆向思维可分为三种类型，如图1-7所示。

反转型逆向思维	转换型逆向思维	缺点逆向思维
·朝市场上已有产品相反的方向（功能、价位、结构、因果关系等）思考，产生新构思	·转变思考角度或使用其他手段来凸显产品卖点	·将产品缺点转化为优势，化被动为主动，化不利为有利

图1-7 逆向思维的三种类型

接下来我们根据这三种类型进行详细解说，讨论如何利用逆向思维迅速找到产品与客户心理空位的最佳契合点，制造出大卖点。

1.4.1 反转型逆向思维

反转型逆向思维营销是逆向思维营销中运用得最多的思维方式。它的思维特点是反向思考，通过走一条相反的营销路线，达到出人意料的营销效果。

2012年，喜茶诞生于广东江门的一条小巷，最初装潢简单，门店面积也很小。短短几年时间，喜茶逐渐成为网红爆品。在2016年，喜茶获得知名投资机构IDG资本以及知名投资人何伯权的共同投资，融资金额超1亿元。2017年2月，喜茶在上海人民广场开了第一家分店，首家门店平均每天卖出近4000杯，在开店当日，还出现排队7小时的盛况。如今，喜茶分店超过50家，已经成为现象级新式茶饮品牌。

我们不妨以波特五力模型来分析喜茶当初面临的市场环境。波特五力是由美国策略管理大师迈克尔·波特于20世纪80年代初提出的企业战略分析模型，主要用来分析企业所在行业的竞争格局以及本行业与其他行业之间的关系，如图1-8所示。

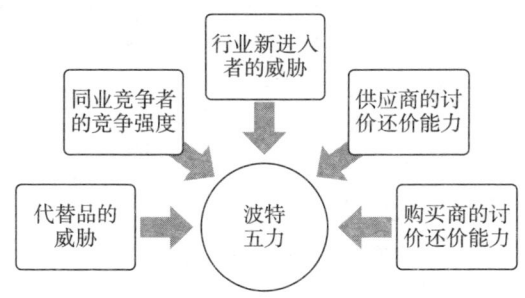

图1-8　波特五力分析

1. 替代品的威胁

决定替代品威胁的因素有：替代品的相对价格表现、转换成本、客户对替代品的使用倾向。

在茶饮行业，茶饮种类繁多，凉茶、糖水、甜品、豆浆等所有饮料都可以成为奶茶类饮料的替代品。奶茶饮品同类之间，价格类似，转换成本低，客户转向替代品难度低，替代品威胁大。

2. 同业竞争者的竞争强度

影响行业内企业竞争的因素有：产业增加、固定（存储）成本、产品差异、信息复杂性、公司的风险、退出壁垒等。

在茶饮行业，同类商家数量庞大，客户需求程度高，同行业或交叉行业里，产品普遍价格不高，且都有受到客户青睐的卖点。

3. 行业新进入者的威胁

影响潜在新竞争者进入的因素有：经济规模、资本需求、分销渠道、绝对成本优势、行业内企业的预期反击、政府政策等。

奶茶行业品牌忠诚度低，资金投入少，转换成本不高，但却有一定的阻碍因素和政策的约束，因此，进入壁垒一般。在退出壁垒方面，固定资产专业化和安置费用不高，协同关系不密切，因此退出壁垒不高。

4. 供应商的讨价还价能力

决定供应商力量的因素有：投入的差异、替代品投入的现状、供方的集中程度、投入成本、企业整合资源的能力等。

市面上的奶茶店多属于加盟店，原料市场上，奶茶原料供应商很多，供应商讨价还价能力低，且供应商所提供的原料并没有突出之处。

5. 购买商的讨价还价能力

决定购买者力量的因素有：买方的集中程度、买方的数量、买方转换成本、替代品、价格、质量、买方利润、决策者激励等。

在奶茶行业，由于奶茶店多，客户处于上风。

从对奶茶行业五种竞争力量的综合分析中，可以看出喜茶诞生之初，茶饮业市场环境可以说是已经趋于饱和，呈现出红海状态。喜茶通过对市场的精准把握，利用逆向思维另辟蹊径。喜茶采取高价位策略切入客户心智中的空位，喜茶的价格比一般奶茶定价高，在20元至30元之间。喜茶是第一个在奶茶行业建立高价定位的茶品，因此其具备了一定的优势。

但是高价位必须要以差异化作为支撑点，喜茶的差异化在于拥有自己的种植基地，在茶叶配比、生产工艺方面不断进行研发，保证品牌的独特口感。喜茶还在传统制作工艺的基础上添加了芝士奶盖、抹茶粉等创新因素，同时还提供低脂、低糖品类，等等。

正是由于喜茶做到了茶品的差异化与它的高价空位环环相扣，依靠热销流行有效占据了客户心智中的空位，因此才持续走红。

1.4.2 转换型逆向思维

转换型逆向思维营销方式，简而言之就是"换位思考"式营销方式。一般正向营销思维是沿着人们惯性思维相关性的思路思考，而转换型逆向营销思维以正向思维为参照、坐标进行分辨，转换思考角度来寻找其他思考路径。

快闪店的悄然走红就是利用了这种逆向思维。快闪店的雏形是传统的展销会,而如今,它们融入时尚、潮流、来去匆匆等元素,以"消逝、限量"逆向思维营销为主要模式。我们以520快闪店为例进行分析:

在每年的5月20日,线上线下商家都会放出一些大招博得客户关注,但是与传统电商和实体商场、超市等购物场所不同的是,位于上海静安区的快闪店"520分手花店"只在这一天营业,日销鲜花近10万支。

520分手花店与传统花店相比,它的营销思维方式完全不同,如图1-9所示。

520分手花店
反常规思路:分手经济
装潢:以分手为主题
花材:雏菊、满天星、桔梗、风信子、黑菊等分手系花材
花店设定日期:只开一天

传统花店
思路:节日、庆贺、祝福
装潢:自然、清新、喜庆、淡雅等不同风格
花材:种类繁多
花店营业计划:发展连锁经营

图1-9　520分手花店与传统花店营销思维模式比较

520分手花店利用这种逆向营销思维,从客户角度出发,发掘客户痛点,以客户喜爱的方式来慰藉广大的年轻消费人群。时效性短、过期不候以及独特的客户群体验感等逆向营销元素使得

产品的卖点更加凸显出来,极大地刺激了年轻消费人群的购买欲。

1.4.3 缺点型逆向思维

缺点型逆向思维营销方式并不是以客户产品本身缺点为目的,相反,恰当转化产品的缺点,就能化弊为利,使其变为最大的卖点。

大众甲壳虫最初就是利用这种逆向思维营销方式拓展市场的。20世纪60年代,美国家庭中处于婴儿潮末期的孩子们日益增多,大多数汽车公司推出的车型是加宽、加大、加长的汽车。此时,德国大众甲壳虫汽车进入美国市场。甲壳虫汽车给消费者的感觉是——小且丑陋。当时,甲壳虫在开拓市场方面面临着一些困境,如图1-10所示。

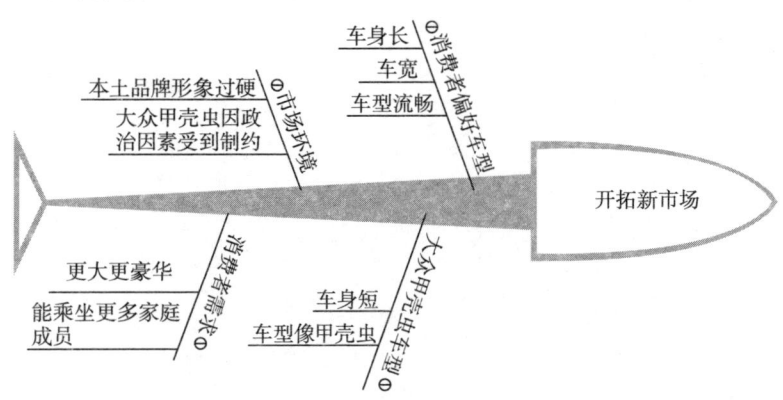

图1-10 甲壳虫市场分析

按照常规营销思维模式,负责甲壳虫汽车营销推广的DDB公司的销售策略应该是在广告中通过美化拍摄效果,弱化"小且丑陋"的缺点,凸显其优点。但是,在当时那样的环境下,DDB公司却跳出这种常规营销思维，用"Think Small"这则激进前卫的广告，使甲壳虫成功地占据了客户的心智空位。

"当你挤进狭小的停车场时，当你更换那笔少量的保险金时，当你支付修理账单时，或者当你用旧大众换新大众时，请想想小的好处。"

甲壳虫这则"Think Small"营销广告的好处在于：找到了当时美国汽车加长、加宽、加大的不足之处，将自己的弱点转变为最大卖点，使当时客户的思维"转了个弯"，填补了客户的心智空位，从而迅速在美国市场脱颖而出。

1.5 卖点价值基于客户价值

随着3.0营销时代的深入发展,那种不断推出新产品、不断寻找客户的传统营销策略逐渐失灵。新时代的营销方式,从产品导向转向了客户导向。

事实上,早在1954年,美国著名管理学家彼得·德鲁克就提出了"客户价值"的重要思想。他认为,企业的存在目的在于"创造客户",因此只有两种基本功能——营销与创新,其他工作都是成本。其中,营销的目的在于充分了解客户,将其潜在需求转化为实际需求。

所谓客户价值,是指客户从某一特定产品、服务或品牌中获得的一系列利益。诞生于20世纪90年代的SNG消费价值模型,侧重于评估与客户消费相关的价值,以解释客户为什么购买或者不去购买某特定产品,为什么选择某种类型而非其他类型,为什么选择某个品牌而非其他品牌。SNG消费价值模型包括五种核心消费价值,如图1-11所示。

通过使用SNG消费价值模型来分析一些商家或者品牌的营销应用可以看到:汰渍或戴尔对应了客户消费行为选择中的功能价值;香奈儿对应了客户消费行为选择中的社会价值;迪士尼、星巴克对应了客户消费行为选择中的情感价值。

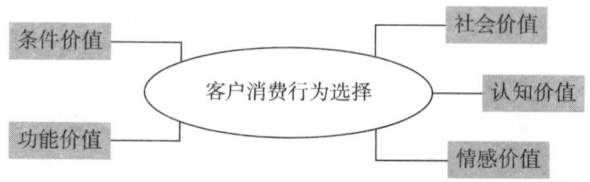

图 1-11 SNG 消费价值模型

客户价值是产品卖点价值最为直观的体现,销售人员在了解和洞察客户价值以及价值取向的基础上,可以最大限度地精准定位产品,确定最吸引客户的卖点,聚焦于为客户创造价值的卖点营销,并逐步巩固客户的忠诚度,增加产品的市场份额与利润。

1.5.1 客户价值的测量

在客户价值思维主导的营销环境中,不管是企业的经营者还是销售人员,在管理或思考产品卖点价值时,都要不断发问——产品属性是不是做到了以客户为中心,是不是切中了客户价值的要害。

在这方面,简明的 MEC 手段目的链模型分析法,能帮助我们深层次定性研究客户价值,并且能找出提供给客户终极价值的实用性工具与方法。MEC 链条由属性(attribute,A)、结果(consequence,C)和价值(values,V)三个不同抽象水平的等级构成,如图 1-12 所示。

MEC 理论从心理学角度出发,把个人价值观和产品属性结合起来解释客户行为。这一模型假定客户追求各种目的,而且会在备选手段中做出选择以便达成目的,因而产品的购买和消费被视为一种达成个人终极目的的手段。概括来说,即客户通常以产品属性为手段,通过属性带来的利益体现他的消费价值观。MEC 模式的构建通常有三个阶段:

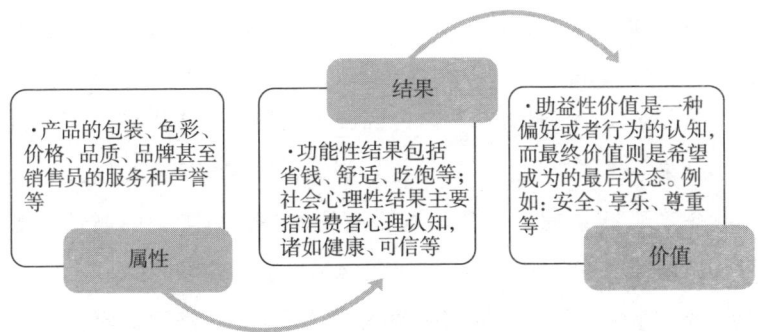

图1-12 MEC手段目的链模型分析法

第一个阶段：利用阶梯法分析属性、结果和价值之间的联系。MEC数据的获取通常是通过阶梯分析法获得的。阶梯分析法是一种通过层层诱导式对话，找出客户与对调查产品的属性、结果和价值之间的联系。阶梯分析法分为两种：一种是一对一式的深入访谈；另一种是采用结构化问卷来收集信息。对于重要大客户来说，一般会选择第一种；而对于大众消费群体来说，多使用第二种调查问卷形式来获取信息。无论是哪一种阶梯法，都需要包含这些典型问句："为什么对你来说很重要？""这对你来说意味着什么？"举例来说：

你喜欢哪种口味的法棒？□芝士　☑香蒜　□奶油

A. 为什么呢？答：味道浓烈。

B. 这对你来说意味着什么？答：不会一次吃太多。

C. 如果吃不到这种喜欢的味道，会导致怎样的结果？答：肥胖。

D. 这样的结果对你来说意味着什么？答：身材差。

E. 为什么会这样？答：伤自尊，被嘲笑。

我们从这段阶梯法调查中可以找到MEC的模型关系。如下：

A. 味道浓烈、容易止口→C. 不容易肥胖、身材会保持得更好→E. 不会伤自尊，会得到尊重感。

第二个阶段：通过第一阶段的调查结果，对客户群体的"属性→结果→价值"进行汇总，建立矩阵，形成特定产品属性与目的状态产生联系的知觉图。需要注意的是，矩阵中的属性、结果、价值等因素要实现定义好且包含尽可能多的可能性。

我们举例来说，某饮料品牌利用 MEC 手段目的链模型分析法制作出了饮料行业品牌知觉图，如图 1-13 所示。

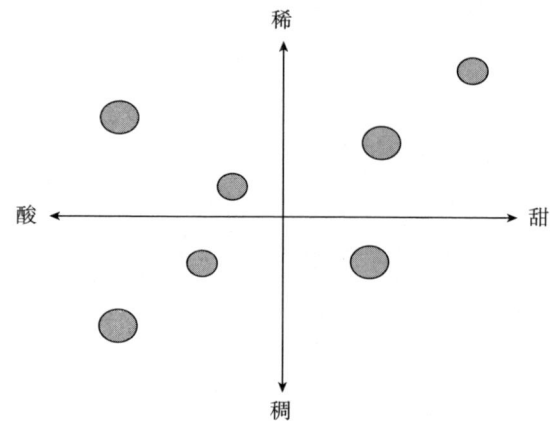

图 1-13　同类饮料品牌知觉图

第三阶段：对知觉图数据进行内容分析，并依据数据分析结果，分析客户行为心理以及满意度，定位或评估品牌卖点。我们以图 1-13 为例，坐标轴是客户对饮料品牌评价的特征因子，横坐标为饮料的口味，纵坐标为饮料的浓稀。图上的点对应市场上的某些饮料品牌。通过这张知觉图，可显示出各品牌在客户心中的印象以及它们之间存在的差异。这有利于新饮料完成品牌定位以及发掘最大卖点。

1.5.2 创造客户价值

互联网的去中心化和无边界的本质，使得客户价值主导的新商业模式开启了营销的新格局。在传统营销4Ps的基础上，出现了第五个P即参与（participation）。客户价值观以及购买决策的改变使得营销方式也发生了一定的变化，以客户为中心，创造客户价值的模式成为卖点营销传播方式的核心。

无论是客户价值，还是产品卖点价值，都不再是单项的价值，而是更为侧重以下两方面的内容：一是分享与体验；二是与客户共创价值。由此将客户的黏度与数量作为公司最大的营销资源。

2014年，阿里巴巴在美国纽交所上市，同年12月，马云成为亚洲首富。马云从一位只有18个人的小公司老板到亚洲首富，仅仅用了15年的时间。他是如何做到的？

"创造客户价值"是阿里巴巴始终如一的商业模式。1999年，阿里巴巴创立之初，阿里巴巴的18个创始人分享"让天下没有难做的生意"这一从客户出发，为客户创造价值的经营理念。在最初的三年，阿里巴巴利润几乎为零，支撑团队唯一走下去的力量就是"为客户创造了利润""看到客户发来的感谢邮件"。直到第四年年底，阿里巴巴才开始盈利。到了2015年，阿里巴巴总营收943.84亿元，净利润688.44亿元。

以阿里巴巴旗下的淘宝网为例：已经有4亿多注册客户的淘宝网从创立平台至今，一直采取对客户免费的策略，仅靠淘宝网收取的广告费用获利。马云说："我们考虑如何为社会、为人类以及我们的客户创造价值。我们努力使我们制定的每一项政策，我们所做的每一件事情都保持透明，我们想与消费者分享，我们要对消费者负责。"

  阿里巴巴从未将盈利放在第一位，而是始终如一地将客户价值放在第一位，将解决社会问题放在企业的发展愿景中。马云说："我认为这个世界在呼唤一种新的商业文明。在旧的商业文明时代，企业以自己为中心，以利润为中心，创造价值最大化，获取更多利润。这种商业文明不是以社会为中心。21世纪需要的是有新理念的公司，我们要懂得开放，懂得分享。世界不需要再多一家像阿里巴巴一样会挣钱的公司。世界需要的，是一家更加开放、更加懂得分享、更加有责任心，把社会需要作为中心的社会型企业，是来自于社会，服务于社会，对未来社会承担责任的企业。"

1.6 卖点与客户链接的捷径

目前，宝洁是全世界最大的日化公司之一。宝洁品牌众多，单洗发水这一品类，就包括海飞丝、飘柔、潘婷。宝洁采取的这种产品营销策略，是基于这样的战略思维：很难有一种产品能完全满足不同的消费者，因此，需要不断开发一些新的品牌来吸引更多的客户，满足客户不同的需求。

宝洁的这一营销战略在一定时期使其在市场上渗透率极高。随着信息爆炸时代的来临，宝洁及时调整营销战略。宝洁将每一个品牌下的产品种类进行简化，拿海飞丝来说，由原来的 26 种缩减至 15 种。调整后，销量不但没有减少，相反，还上升了 10%。这是为什么呢？

如今，大量铺天盖地的信息，使人们的心智逐渐疲累。由此导致人们接受产品的思维也发生了变化，开始趋于简单。全球顶级营销专家杰克·特劳特认为，在传播过度的社会中，人的唯一防卫力量就是过度简化的心智。普通的心智像滴水的海绵，充满了信息。只有把已存的信息挤掉，才有空间吸收新的信息。应对传播过度的社会的最好方法就是尽量简化信息。传播和建筑一样，越简洁越好。一定要"削尖"信息，使其能切入人的心智；抛弃意义含糊、模棱两可的词语，简化信息。如图 1-14 所示。

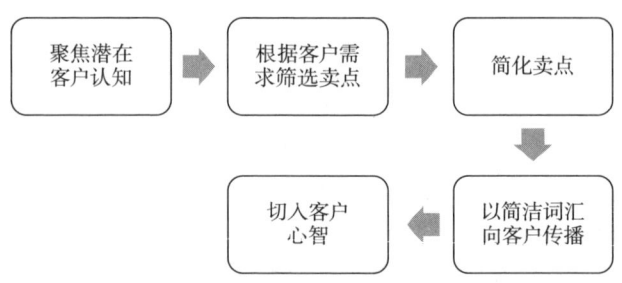

图 1-14 卖点切入客户心智的流程

杰克·特劳特说："把焦点集中于潜在客户而非产品,你就简化了选择过程,也学到了原则和观念,这有助于你大幅提高传播效率。"聚焦潜在客户,根据潜在客户的需求筛选出适合客户的卖点,在向客户传播卖点的时候,要用简洁、概括、实用性高的语言词汇对卖点进行描述,比如宝马的卖点是运动,奔驰的卖点是舒适,沃尔沃的卖点是环保、北欧风等。这种精简卖点、简化传播词汇的方式,就是将产品卖点与客户心智进行有效链接的捷径。

1.6.1 以聚焦策略运营品牌

很多销售人员在运营品牌时,试图向消费人群传达更多的卖点,包括每个卖点的故事以及奇特的文化……希望通过越来越多的理由获得客户的认可。其实这是一个误区,时代的信息化以及客户的倦怠等因素,使其无法接受关于产品或品牌卖点的过多信息。销售人员必须懂得取舍之道,懂得聚焦,聚焦,再聚焦。

所谓聚焦营销,即通过有效、合理的市场细分寻找"空白市场",设计独特的产品概念和卖点,用最集中的形式进行统一整合的市场推广和传播,打动和影响客户,进入客户心智,使得客

第1章 定位：用卖点与客户产生联系

户成为该产品的忠诚粉丝。

产品聚焦营销策略的核心思想有两点，即内部聚焦以及外部聚焦。内部聚焦的关键是整合营销资源，确定营销核心竞争力；外部聚焦侧重于选择合适的时间以及环境焦点。从聚焦内容上来说，聚焦营销策略又可分为产品聚焦与资源整合聚焦，如图 1-15 所示。

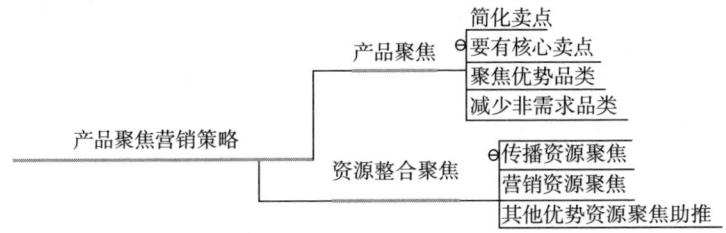

图 1-15 产品聚焦营销策略

从产品聚焦的角度来说，销售在向客户传达卖点时，如果传达很多卖点，诸如功能优势、外观造型时尚、提供哪些服务……那么，客户反倒会认为这款产品毫无吸引力。产品没有卖点，吸引不了客户；产品卖点多了，会让客户产生疑虑。一个产品，如果不能在一瞬间紧扣客户需求，给客户提供一个核心卖点，就会减弱客户的感性购买冲动，致使客户陷入理性拒绝或者犹豫中。

从资源整合聚焦的角度来说，企业在推广新产品时，如果资源过于分散，或者希望推出更多产品以便全面开花，那么，企业就会由于自身限制很难集中优势资源来加推新品，由此使得该新产品无法凸显卖点，也无法占据消费者心智中的位置。

苹果公司的再次崛起，源于乔布斯的"聚焦战略"。1997年，乔布斯回到濒临绝境的苹果公司，此时苹果公司的主打产品依然是他离开之前的麦金塔电脑。前任总裁实施了市场细分营销策略,这使得苹果的产品拥有众多的系列和版本,但单款产品看上去都缺乏吸引力。

乔布斯召集董事会成员,他在白板上画了一个巨大的"十"字,他指着那个十字的四个空白的区域说,苹果将只开发四款产品,分别针对个人市场和专业市场中的高端客户和低端客户。起初,董事会成员还觉得不可理解,但乔布斯的这一产品品类聚焦战略通过iMac的开发获得的巨大成功,重新点燃了市场对于苹果的厚望。1999年,乔布斯顺势推出了第二代iMac,发布了红、黄、蓝、绿、紫五种水果颜色的款式以供消费者选择。

苹果以简洁清晰的产品品类聚焦策略,使苹果能够集中所有力量,深挖客户的需求,做出极致产品。苹果也自此找到了自己的竞争优势,降低了企业的运营成本,维持了高利润,重新巩固了苹果产品的市场营销领先地位。

1.6.2 化繁为简的力量

销售人员中不乏有一些人,习惯从自身需求的角度出发去揣摩如何同客户解释产品卖点,他们开口就是"我们的产品再完美不过了,它的功能多种多样,它的样式又极为时尚"。可在互联网时代,客户真的需要一款功能超多、样式花哨的产品吗?

近些年来,随着科技与消费水平的提升,客户开始追求"删繁就简"的简单消费观念。消费者所认同的产品卖点更趋向于"清晰、简单、自然、好用"的一面。腾讯总裁马化腾说:"我相信客户群有客观差异,但没有所谓高低端之分。不管什么年龄和背景,所有人都喜欢清晰、简单、自然、好用的设计和产品,这是人对美最自然的感受和追求。"

第1章 定位：用卖点与客户产生联系

我们以德国阿尔迪超市简洁营销模式为例来说明这一问题。创建于1948年的阿尔迪超市是德国最大的连锁超市，它在全球已拥有6800多家分店，在德国的分店有4000家。从全球规模来比较，德国阿尔迪超市可以说是世界上最大的食品杂货店。它的营销成功最大的因素就是坚持简单。阿尔迪超市的基本营销策略如下：

1. 商品品类简约

一般超市约有2万种商品，一些大型超市，商品的种类甚至超过2万种。而阿尔迪超市却只专注700种最常被购买的商品。

2. 只出售同一品类的一款明星产品

这样做不仅使阿尔迪超市非常容易对产品的质量和价值进行掌控，而且也使得商品的运输和处理简单化。

3. 采取无理由退货法

阿尔迪超市通过这种方式使客户对产品放心。

4. 精减成本

阿尔迪超市通过在商品的采购、物流、管理环节中精减成本的方法，使部分区域的销售利润达到了9.3%。

5. 简单的广告宣传

阿尔迪超市不设对外公关部，只做宣传单这类简单的广告宣传，从而使它的广告投入仅占营业额的0.3%。同时，店面装修简朴，超市内部不设货架，商品就放在纸箱里。

6. "从不提供不必要的服务"

在客户服务方面，阿尔迪超市只专注于向客户提供质优价廉的产品。

7. 简化产品价格

阿尔迪超市经过测试发现，找零钱的时间会影响销售。因此，阿尔迪超市将产品价格进行简化，位数为 0~0.04 马克的商品，收款时简化为 0 马克，位数为 0.05~0.09 马克的商品，收款时简化为 0.05 马克。

由此可知，阿尔迪超市的这种极简销售方式，简化了客户的选择程序，提升了营销效力，并且将客户购买力提升了数倍。

第 2 章

入口：
寻找影响客户购买行为的因素

　　客户购买产品的过程，是一个"感知卖点→判断卖点→做出决策"的过程。客户的购买行为是复杂的，其产生受到文化因素、社会因素、个人因素、心理因素等的相互作用与影响。比如，客户个体消费行为容易受到群体行为的影响；客户会根据个体偏好来对接产品卖点；客户会因不同的心理需求层次产生不同的消费选择；客户的"心理账户"、感官等因素也会对其行为产生巨大影响等等。

2.1

客户个体消费行为 VS 乌合之众

个体的消费行为很容易受到群体消费行为的影响。在20世纪70年代末,美国社会学家马克·格兰诺维特提出了这样一个问题:如果一群本该遵守社会规范的人打破了规范,那么究竟是因为社会准则的问题,还是因为每个人不同的动机造成了出乎意料的后果?

马克·格兰诺维特虚构了一个模型,他假设有100个人聚集在广场,场面有点混乱。在第一个场景中,一个肇事者打碎了一面大玻璃窗,这引发了后来第二个人、第三个人甚至群体的暴力事件。而在第二个场景中,一个肇事者打碎了一面大玻璃窗,不同的是,其他人并没有跟着参与。为什么会造成两种不同的状况?格兰诺维特给出的解释是,实际上只有一个人发生了转变,但这种微小的道德层面的转变影响到整个局面。

客户的购买行为除了会受到个体因素的影响之外,同样也会受到群体行为的影响,而这种影响的结果也呈现出两种截然不同的状态。在第一种状态中,由于某个人的影响,第二个客户会跟进,紧接着是第三个客户……客户接二连三进行跟进,最终引爆产品的营销。而在第二种状态中,虽然某个人选择了产品,但群体并没有受到他的影响,产品营销业绩平平。

客户在第一种状态中所表现出来的情境，其实就是典型的"羊群效应"。所谓羊群效应，是指个人的观念或行为由于受到真实或想象的群体的影响或压力，而向与多数人相一致的方向变化的现象。它的结果表现为对特定的或临时的情境中的优势观念和行为方式的采纳、对长期性的占优势地位的观念和行为方式的接受。无论意识到与否，群体观点的影响足以动摇任何抱怀疑态度的人的思想，因此说，群体力量很明显使理性判断失去作用。

但是，要启动客户这种"从众心理"，是需要一定的触发点的。如果产品卖点能够精准切合客户心理，就很容易触发群体消费；相反，如果产品卖点不是客户的心理触发点，则该产品没有足够的力量引发群体消费行为。

价格差异化与代偿心理可谓在营销领域使用较多、效果也非常显著的两种触发点，可有效触发群体消费行为，使群体对产品趋之若鹜。下面，我们分别加以解释和分析。

2.1.1 价格差异化策略

价格差异是指企业向不同客户提供相同等级、相同质量的产品或服务时，针对不同的客户需求而进行的价格差异化策略。价格差异化策略涉及两条曲线，即供给曲线与需求曲线。

供给曲线所表达的是商品生产者或销售者在每一个价格水平上，愿意生产或销售多少数量的产品。自然，价格越高，生产厂家或销售商就越是愿意供给更多的产品，概括来说，供给曲线是一条倾斜向上的曲线。

需求曲线所体现的是客户在每一个价格水平上愿意购买的产品数量。一般来说，价格越高，客户愿意购买的数量就越少，因

第 2 章　入口：寻找影响客户购买行为的因素

此，这条曲线是一条倾斜向下的曲线。

任何产品都分别对应了供给与需求这两种相互博弈的力量。它们最终在某个点达到平衡，在这个点上，厂家、销售与客户对于数量、价格完全达成了一致。

举例来说，在一些酒吧里，酒水的价格并不是统一定价的，而是根据不同消费层级的客户的消费能力，随机而定或者是随时而定的。对价格敏感的客户会选择低价位时段，而对价格不敏感的客户，则根据心情随意选择酒水，并不在意时段。

再比如打车软件 Uber 和滴滴，根据客户的大数据，往往在高峰时间进行加价，而在打车低谷期则进行贴补红包或其他的优惠措施等。有媒体曾报道，Uber 的定价策略甚至还会细分到是富人、富人聚集区，还是平民、平民聚集区。

在营销中，除了上面提到的根据人群与时间段进行的价格差异化策略，还有以下几种价格差异化策略：

1. 低价促销

销售商根据节日或周年店庆等，对一些产品进行低价促销。这种做法可以通过低价、折扣等方式，收割一大批对于价格敏感度很高的客户。

2. 优惠券促销

凡是持有优惠券的客户，消费时会享有一定的优惠。这在很大程度上吸引了一些对价格敏感的人群。

3. 双重收费

先支付一定的费用，获得一定的特权，可以是使用权，可以是优惠权等。最后再支付特权后的费用。这种价格差异在体验经济为主导的当下非常流行，能增加客户的参与感，起到一定的口碑作用。

2.1.2 饥饿营销策略

在一些网红美食店门前,经常会看到排长队的顾客,从店门口一直排到了另一条街,连黄牛也悄悄跟进了……有的人甚至排上两三个小时的队,只为吃上网红美食。很多情况下,顾客们排队排了半天,最后服务员却拿出"售罄"的牌子,原来每天的供给量是有限额的。没买到美食的人们在失望之余,就盘算第二天一定起个大早,抢先买下一箩筐美食。

这样兴师动众买到的网红美食就一定非常美味吗?不一定。这不过是人们的从众心理在作祟罢了。再加上有意无意地出现"产品短缺""供不应求"的现象,吊足了客户的胃口,使其购买欲望达到极点。

小米在最初上市时,经常断货、售罄。小米每次推出新品时,面对几十秒钟即售罄的局面,海量的客户都铆足了劲儿抢购。还有很多客户在不清楚购买什么手机的时候,突然发现有如此海量的客户都在疯抢一款产品,这直接导致了他们的跟风购买。

小米这种"虐心"的饥饿营销方式,对客户的心理造成了严重干扰,依靠这种心理干扰,小米获得了很好的销售业绩和市场效果。因为这种销售战略的影响,小米成立 3 年后,就登上了《财富》杂志"最受赞赏的中国公司"排行榜,成为榜单上最年轻的公司。

我们以 SWOT 分析法即态势分析法,从小米的内部优势、劣势和外部的机会、威胁这四个要素,来分析小米在成立之初实施饥饿营销战略的前瞻性,如表 2-1 所示。

第 2 章 入口：寻找影响客户购买行为的因素

表 2–1 小米的 SWOT 分析

优势（Strengths）	劣势（Weaknesses）
·小米团队由前 Google、微软、金山等公司的顶尖高手组建。 ·当时市面上国产手机山寨货较多，而优秀的国产手机厂家寥寥无几。 ·小米 MIUI 界面注重国人使用细节与习惯，是更适合国人使用的界面。 ·小米将主流价位定位于 2000 元左右，适应毛利率 15% 的生存，在这个价位把配置做到最高。 ·小米当初还没有实体店，只在网络销售，省去了渠道成本。	·小米的产量低，起步晚，当时 HTC、三星、iPhone 等智能手机已经占领大部分市场份额。小米的市场占有率明显不足，在大众中的口碑还没能建立。
机会（Opportunities）	威胁（Threats）
·当时，移动互联网取代 pc，全球对智能手机的需求持续上升。 ·小米手机的口碑不断提升，影响力和知名度持续扩散。 ·苹果联合创始人乔布斯的去世，在一定程度上削弱了其竞争力。 ·米聊和 MIUI 打下的客户资源基础将会部分顺移到小米手机上。MIUI 的发烧友遍布全球，语言达到二十多种。	·移动互联网市场较为红火，苹果、三星占领高端市场，联想、华为等也开始布局智能手机领域。刚成立的小米显然不是这些大鳄的对手。 ·在各顶级供应商的支持下，国产手机小米显现出了自主产权不高的缺陷，这无疑是小米手机发展的重大威胁。 ·当时有一些负面舆论试图诋毁小米手机的形象，小米面临巨大舆论压力。

面对这样的形势，小米在现有机型的基础上，加快新机型的研发，扩大产品的客户群。同时，在营销方面，小米一方面增加了销售人员，另一方面采取了饥饿营销的方式，在宣传上下大力气，主要通过网上宣传进行传播，人为造成供不应求的现象来点燃客户的从众心理。小米的这种营销方式使小米手机的销量得到了大幅度提升，同时，还因为过高的性价比建立了良好的大众口碑，树立起"为发烧而生"的品牌形象。

2.2 洞察客户的偏好

如今，无论是销售人员还是管理者，都在推崇一种叫作"客户价值"的战略思维。所谓客户价值，瑞士洛桑国际管理发展研究院营销与战略学的肖恩·米汉教授解释说："客户价值是客户从某种产品或服务中，所能获得的总利益与在购买和拥有时所付出的总代价的比较，也就是客户从企业为其提供的产品和服务中所得到的满足。"他还提出客户价值的公式，如图2-1所示。

图2-1 客户价值公式

其中，Fc：客户感知利得；Cc：客户感知成本；Vc：客户价值。

北京大学国家战略发展研究院的管理学家陈春花老师认为，针对客户价值思维，销售人员或管理者应有以下五个方面的思考：

（1）客户的需要和偏好是什么；

（2）何种方式可以满足这种需要和偏好；

（3）最适合于这种方式的产品和服务是什么；

(4) 提供这些产品和服务的投入要素是什么；

(5) 使用这些投入要素的关键资产与核心能力是什么。

这里所说的客户偏好，即客户对一种商品（或者商品组合）的喜好程度。客户根据自己的意愿对可供消费的商品或商品组合进行排序，这种排序反映了客户个人的需要、兴趣和嗜好。针对客户的偏好特征，可以有以下几种假设，如图2-2所示。

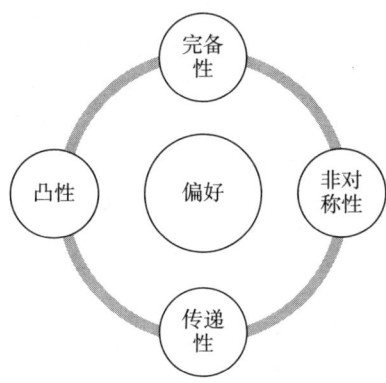

图2-2 客户偏好特征

1. 完备性

给出客户不同的商品组合，客户可以通过比较与排列来进行选择。比如，给出任意两个商品的组合A与B，消费者的判断有三种：对于A的偏好大于B；对于A的偏好小于B；对于A与B的偏好相同。

2. 非对称性

在大多数客户看来，商品总是越多越好。如果两个商品组合的区别仅在于商品的数量不同，则客户一般偏好于商品数量较多的组合。

3. 传递性

客户的偏好具有一定的传递性，如果对 A 的偏好大于 B，对 B 的偏好大于 C，那么对 A 的偏好大于 C。

4. 凸性

客户大多会选择含有商品数量较多的组合，而极少会选择商品数量较少的组合，这种特征反映在无差异曲线的凸性上。

根据客户偏好的稳定性，又可将客户分为四种类型：第一种，偏好不稳定且不明确，客户自己也不了解自己的偏好；第二种，偏好不稳定且不明确，客户自己了解自己的偏好情况；第三种，有稳定的偏好，但并没有认识到偏好对购买决策的驱动性；第四种，有清晰的偏好，足够了解自己的偏好，能正确判断一种定制化供给是否符合其偏好。

2.2.1 构建客户画像

微软、腾讯等大公司都喜欢用"客户画像"来研究客户的偏好，以此作为产品设计、营销决策的分析依据之一。

"客户画像"的概念最早是由美国被誉为"交互设计之父"的 Alan Cooper 提出的。他认为，客户画像是真实客户的虚拟代表，是建立在一系列真实数据之上的目标客户模型。客户画像是通过客户调研去了解客户，根据他们的目标、行为和观点的差异，将他们区分为不同的类型，然后从每种类型中抽取出典型特征，赋予名字、照片、一些人口统计学要素、场景等描述，以此形成模拟客户原型。比如：

男，31 岁，已婚，月收入 1 万元以上，爱美食，团购达人，喜欢红酒配香烟。

第2章 入口:寻找影响客户购买行为的因素

这种用一连串描述使得客户的信息标签化,就是一幅简单的客户画像。客户画像的工作是为客户打标签,而打标签的目的则是通过一系列客户画像数据,找到客户偏好,进而指导公司的产品设计、市场营销等工作。具体来说,客户画像可以通过客户的"大基本面情况"和客户的细节部分,诸如"场景、标签、性格、情绪"等方面来进行勾勒,如图2-3所示。

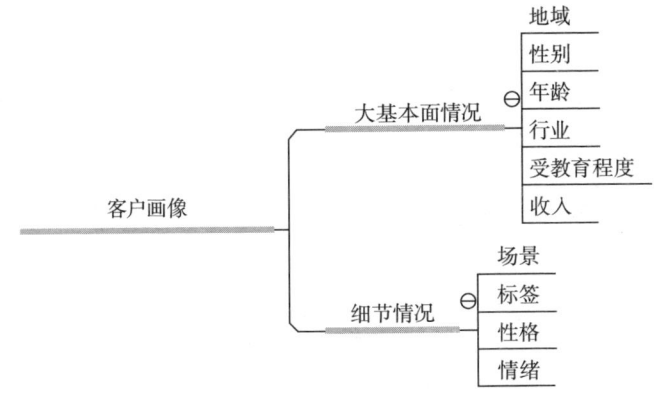

图2-3 客户画像

客户的大基本面情况,多见于简历或某些分析稿。大基本面情况只是大致对客户进行勾勒,勾勒出的只是客户模糊的原型。这对于为客户打标签来说,显然是不够的。

例如,有一家公司只从大基本面来对客户进行画像,并希望借此实现精细化运营。他们通过商圈人口数量、性别、年龄、收入、门店停留时间等因素,搜集了大量的数据,构成了客户画像。但公司依据这些数据调整经营策略,扩大门店规模,加大宣传册推广力度,结果反而使公司濒临倒闭。当然,这种做法失败的原因比较复杂,但从客户画像的角度来说,画像过于模糊、不精确、缺少真正的指导性价值等因素,却是实实在在的缺陷。因此，销售人员需要注意的是客户画像的第二个层面，即细节数据的搜集也是必不可少的。

再例如，你想为营销公众号做客户画像，其中客户的消费场景、标签、性格、情绪等细节部分的调查是必不可少的。具体来说，这些细节可能是：

场景：上下班的地铁上；厕所；沙发上；睡觉前床上……

标签：科技控；星座控；八卦控……

性格：佛系；逗逼；女汉子；直癌男……

情绪：感性，很容易引发共鸣；理性，有自己的判断标准……

这些细节性因素都是客户在日常生活中实实在在存在的，在大的基本面勾勒的轮廓里，添加上类似的、更多的这种细节因素，客户更为日常化的真实形象就出来了。

由此可知，销售人员正确的做法是通过这种精准的客户画像来分析客户行为，最终为每位客户打上正确的标签，权重这些标签指数，找出目标客户群的偏好特质。

2.2.2 根据偏好调整营销策略

在产品价格不变的情况下，客户对产品的最终需求取决于客户对产品或品牌的偏好程度。销售人员或管理者应根据客户偏好来细分市场，调整营销策略。客户偏好模型公式如图2-4所示。

其中，AK表示影响客户偏好度的主要因素指标，BK表示影响客户偏好度的随机指标，P表示客户偏好度指标。

从中可以看出，客户偏好指数的高低，一方面取决于影响客户偏好的主要因素，另一方面取决于对客户偏好产生影响的随机

第 2 章　入口：寻找影响客户购买行为的因素

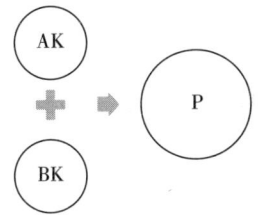

图 2-4　客户偏好模型公式

因素。

影响客户偏好的主要因素包括：地域因素、环境因素、兴趣爱好因素、公众引导因素、品牌知名度因素、价格因素、品质因素等。而影响客户偏好的随机因素就更多了。Scientific Reports 杂志发表过的一项研究结果显示，女性的颜值也能影响到客户的偏好。产品品牌的代言人如果是高颜值，那么客户的偏好指数会明显提升。

企业可根据影响客户偏好指数的因素来制定或调整相应的市场营销策略。这方面，我们以耐克在 2017 年度的销售策略为例。

2017 年，耐克获得 MASTER 营销大奖。耐克品牌的营销成功不得不说是受益于耐克对于客户偏好的精准把握，以及针对客户偏好所实施的一系列营销策略。

从大环境来说，大部分体育品牌的线上销售渠道多依赖于天猫、京东等大型电商平台，而这些第三方电商渠道也的确使得一些品牌获得极好的销售额，与此同时，第三方电商平台的品牌竞争也空前激烈，机会变得更为稀缺。

耐克通过 360 大数据，从功能、流量来源和运营策略等角度，对天猫旗舰店与耐克的自营电商官网进行分析，发现 52.3% 的耐克官网客户偏好使用 360 导航，这种偏好意味着过往曾被严重低估的导航媒体资源在拓展网站流量与促进订单转化方面有着巨大的影响力。

耐克通过对覆盖目标消费群的进一步分析发现，虽然耐克官方电商网客户规模不及天猫旗舰店，但在这两大渠道中，有6.8%的重合客户对这两种渠道有着同样的偏好，这表明可以通过渠道差异化分工策略来开拓更广阔的营销市场。

耐克通过大数据还发现，耐克电商官网的客户从区域上说，一线城市更为集中。客户的偏好相似性很大，且以男性初中生为主。

耐克通过对目标客户群搜索行为的深度分析，更好地了解了目标客户行为的偏好，将目标人群细分为潜在人群、意向人群和核心人群三类。耐克根据不同人群的偏好，与360营销资源进行精准匹配：对于潜在人群，通过展示广告创新资源抢镜；对于意向人群，借助搜索广告品牌占位进行精准覆盖；对于核心人群，依托品牌直达进行精准锁定。

这种通过客户偏好实施的营销创意，使得耐克品牌搜索推广CTR增长率超过70%，展示广告提升超过228%，实现了高效销售转化率。

2.3 客户的"马斯洛需求层次"及其规律

心理学家认为,人的"需求"与"动机"是促使其产生行为的基础。从客户的角度来说,客户有了购买的需求,才会产生购买的动机,促使其做出购买行为。你如果想让你的产品能够深入人心,产品的卖点能够激发客户强烈的购买欲,你必须深谙人性,在客户的需求中,区分哪些只是表象的需求,哪些才是真实的需求。

美国心理学家马斯洛提出了人的五个需求层次模型。此模型建立在三个前提之上,即每个人的需求在先天遗传和社会交往中获得;某些需求比其他动机更为基本,也更为重要;只有当最基本的需求得到最低限度的满足之后,更高层次的需求才会被激活。在此基础上,马斯洛提出了一套适用于大部分人的需求层次理论,如图2-5所示。

马斯洛认为,从个人的角度来说,这些需求由低到高排成一个阶梯,在低层次需求得到相对满足之后,就会产生更高一级的需求,只有未满足的需求才能影响行为。

从宏观经济层面来说,不同的国家、地区,由于经济发展不平衡,人们的需求分布也呈现出不同的层次。例如,在发达地区,高层次需求比重很大;而在不发达地区,生理、安全等基本

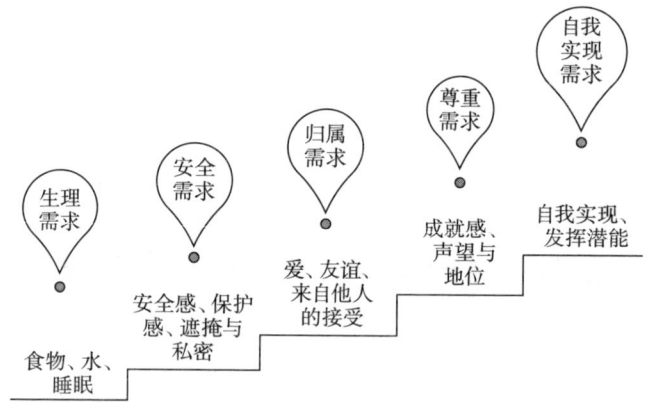

图 2-5 马斯洛需求层次理论

需求占比较重。销售人员可以根据此模型来对特定国家或区域的消费群体进行分析,确定产品大卖点的方向与目标。

从微观层面即客户行为来说,马斯洛需求层次这个模型可作为工具,帮助销售人员根据客户的不同需求制定灵活的卖点营销策略。例如,一个客户购买食品或衣服,他最基本的需求是满足其生理需求,但也不排除其他需求,诸如自我需求与归属需求的满足。如果销售人员能够根据模型巧妙地判断出客户的潜在需求,就能及时调整相应的销售策略。

2.3.1 分层营销策略

从营销的角度来说,处于不同需求层次的客户对产品的需求是不同的。同样产品不同的功能、用途也适用于不同需求的群体。具体来说,主要有以下几种需求:

1. 生理需求

基于人们最基本的生理需求的一些营销产品,在营销策略上要强调其最基本的特征：便利、即刻满足。诸如大众点评、公交指南、提供综合服务的58同城等产品，能为人们的生活提供更多便利性，满足人们基本的生理需求。此类产品只要卖点突出，就能获得不错的营销效果。

2. 安全需求

客户之所以存在对健康的担心、对贫困的恐惧、对无知的忧心等感觉，都是基于安全感的缺失。在这种情况下，客户的这种需求促使其去使用一些产品来满足或获得安全感。诸如一些投资理财软件、报警系统、退休产品、保险产品等。在这个需求层次，产品卖点就显得尤为突出。

3. 归属需求

在归属需求层面，客户的需求集中表现在友情、爱情、亲情或与其他陌生人交往等层面上。客户渴望通过交流和沟通，寻找一种群体归属感。一些社交软件，诸如QQ、微信、Facebook等，无疑在这方面的卖点几乎完爆。

4. 自我需求

客户希望展现自己，获得人们以及自己对本人的认可与信任。客户在虚拟或现实的社交活动中更容易实现这一层次的需求。汽车、俱乐部、高级宴饮、高级化妆品等产品，从这一层面诠释卖点，会有较好的营销效果。

5. 自我实现需求

在这一层级的需求中，客户对自己的表现很满意，有一定的成就感。一些能够炫耀并凸显身份的产品的卖点，就能很好满足客户的这一需求。诸如朋友圈的展示、美图秀秀、豪车、职业提升培训产品、旅游产品等，在这一层面推广卖点较为适宜。

2.3.2 把握客户需求趋势风口

从马斯洛需求层级来解析,当社会已经达到小康或发达水平时,人们最基本的温饱、安全感等需求得到了极大的满足,人们对社会和尊重的需求就会持续上升。随着客户消费形态的改变,经济从农业经济、工业经济、服务经济转变至体验经济。

在客户普遍处于低层次的需求阶段,产品卖点营销的重点放在功能齐全、样式美观、价格优势、扩大品牌知名度等方面,靠简单粗暴、铺天盖地的广告传播方式来营销。而在体验经济时代,随着客户消费需求的不断升级,此时,产品卖点营销的方式发展为从生活或情境出发,调动消费者的参与感,塑造感官体验以及思维认同,改变消费行为,吸引客户注意力,为产品找到新的生存与发展空间。

至2010年,社交需求和尊重需求已经成为社会消费群体的普遍心理需求。此时,移动互联网飞速发展,智能手机行业呈爆发式增长。小米正是把握住了客户需求趋势发生变化的这一风口应运而生的。

小米采取了不同于传统的营销方式。小米开发的MIUI吸引了大批潜在客户进行参与,使客户找到归属感,进而发展为小米的粉丝。在MIUI的前期开发过程中,客户的参与使得小米产品不断调试和完善,趋于极致。这批粉丝在整个参与过程中,隐性需求转换为显性需求,产品也因有了客户的情感成分而变得更加独特。这批粉丝是小米的首批客户,很快,小米通过粉丝传播品牌口碑,使得小米手机的营销获得了极大的成功。

小米正是抓住了消费者正确的需求层级,抓住了这个风口,才使自己的营销"飞"了起来,成就了品牌的最初优势。

2.4 隐藏在购买背后的感官秘密

1898年，美国营销专家E·S·刘易斯提出了客户消费行为的AIDMA法则，他认为消费者在购物过程中，遵循着这样一个成熟的流程：引起注意（Attention）、产生兴趣（Interest）、激发欲望（Desire）、强化记忆（Memory）、促使行动（Action）。在传统营销的环境下，销售通常依据这种法则来进行一些广告营，刺激客户的消费欲。

但在移动互联网时代，客户的主动意识越来越强，他们喜欢主动获取产品信息与认知。传统的AIDMA理论已经对销售人员失去了指导意义，新兴的AISAS模型则更有指导意义。AISAS模型包括以下内容，如图2-6所示。

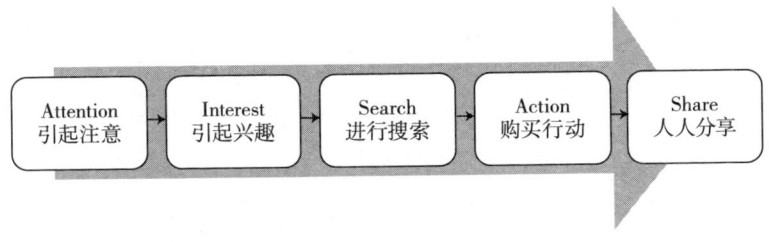

图2-6 AISAS模型

客户如果对某种产品有兴趣，会通过互联网搜索进行购买，还会将自己的消费体验分享给更多的朋友，进而为产品带来更多的客户。在这种消费模式下，客户越来越注重感官体验。客户开始抛弃铺天盖地泛滥的广告，转而投身于产品所带来的感官体验中进行消费行为。感官营销正在悄悄俘获更多的消费群体，它可以说是营销的大势所趋。

所谓感官营销，美国密歇根大学阿莱德哈娜·科瑞斯纳博士的定义为：利用客户的感觉并影响他们的行为。在这里，客户感觉是指客户的"视觉""听觉""味觉""嗅觉""触觉"这五感。感官营销从本质上来说，是产品的大卖点在传统营销与体验营销相互融合后的一种创新营销。

将感官营销运用到极致的典型代表是星巴克。走进星巴克，咖啡醇厚的香气扑面而来，坐在柔软舒服的沙发上，手持一杯绿色美人鱼的咖啡，再加上些精致的糕点，使人感到温暖而放松。星巴克的墙面上的时尚画作，有异域情调的灯光效果，耳边优雅的爵士乐……各种感官感觉叠加在一起，使客户的感官体验达到极致，品牌顿时深入灵魂。

星巴克的感官营销是充分调动五感的立体式营销。传统的营销方式中，普遍采取的是"二维"感官营销，即利用广告信息，或者通过向消费者口头介绍产品的方式来进行营销活动。而互联网时代的感官营销，则弥补了这种"二维"感官营销的不足，强调同时调动客户的多种感官体验，使客户在消费过程中得到全方位的感官满足，并最大化地接受某一产品。

瑞典卡尔玛大学教授贝蒂尔·霍特说："无论是市场营销战略的方式还是战略的执行，五种感官在创造、沟通和价值传播中都是非常重要的。所有的迹象都表明，感官营销将会成为战略营销的下一个前沿。"

第 2 章　入口：寻找影响客户购买行为的因素

2.4.1　感官是如何引导客户的

美国阿瑞娜·克里希纳教授提出了"感官印记"的概念。她认为，如果某种特定的感官体验能够令消费者想到某个具体的品牌，那么，这个品牌就成功地塑造了一种感官印记。

销售人员可以通过向客户有效传达产品感官卖点，诸如产品的声音、颜色、触感等，改变客户对产品质量、功效、特征等的感知与消费行为。也就是说，销售人员可以通过给客户提供全新的感官体验，来使客户下意识地被影响。

那么，感官卖点又是如何作用于客户的意识，从而影响客户对产品的考量呢？阿瑞娜·克里希纳教授提出了一种感官营销理论逻辑的模型，如图 2-7 所示。

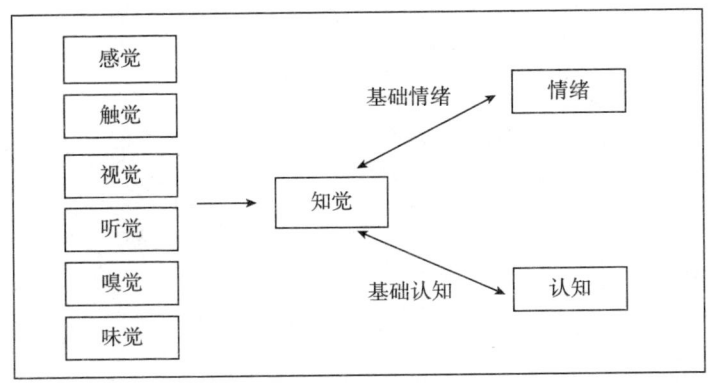

图 2-7　感官营销理论逻辑的模型

在这个模型中，最左边的是触发变量"五种感官"，客户通过五种感官与外界环境进行信息与物质的交互。当外界环境不断刺激客户感官后，客户开始形成不同的感觉。然后，这些不同的感觉得到一定刺激后，就形成了知觉。知觉对客户的情绪、认知

产生巨大影响,进而影响到客户的购买体验与最终决策。五感印记逐层来说,分别具有如下特点:

1. 触觉感官营销

从营销的角度来说,客户的触觉感官可体现在三方面:人际触觉、产品触觉、环境触觉。销售人员与客户之间的社交关系、他人对产品的评价、客户对产品的触觉、客户对环境的感知等,都会对客户的心理产生影响,使客户对产品的认知发生变化。

乔布斯的苹果产品,为什么遮住商标客户也能认出?《乔布斯传》记录下了乔布斯对产品触觉的一个观点:"当你打开iPhone或者iPad的包装盒时,我们希望那种触觉体验可以为你定下感知产品的基调。"当产品对客户形成了积极的触觉印记时,客户仅凭触觉就能判断出产品的质量与技术含量,进而推测出其品牌特质。

2. 视觉感官营销

人类获取的信息中,超过80%是通过视觉获得的。在营销过程中,客户通过产品或感知购物场所的空间、颜色、环境亮度等视觉特征,进行感知、分析、评价,进而影响到最终的购买决策。

如电商起家的京东、线下起家的优衣库,都开辟了虚拟试衣间功能,通过服装数字化和虚拟现实技术,增加线上、线下购物的视觉体验和新鲜感。优衣库在线下实体店还安装了虚拟试衣系统,客户只需要照镜子就可以看到同一款衣服不同颜色的上身效果。这些举措增加了消费者的购买系数。

3. 听觉感官营销

听觉感官营销指利用美妙或独特的声音吸引客户的听觉关

注,并在客户的心目中形成独特的声音,诸如环境声音、人声、音乐、产品声音、品牌发音、广告音乐等。美国营销专家马瑟斯博在其《消费者行为学》的著作中做过一项关于实体商场背景音乐对营销的影响调查,如表2-2所示。

表2-2 实体商场背景音乐对营销的影响

变量	慢节奏音乐	快节奏音乐
服务时间	29分钟	27分钟
消费者用餐时间	56分钟	45分钟
没落座就离开的顾客	10.5%	12%
购买的食品数量	55.81美元	55.12美元
在酒吧购买的数量	30.47美元	21.62美元
估计毛利	55.82美元	48.62美元

4. 嗅觉感官营销

嗅觉信息的运转机制直接与记忆连接,这与其他感官都不相同。国际品牌大师、世界知名营销心理专家马丁·林斯特龙指出:"人的情绪有75%是由嗅觉产生。人对照片的记忆,在三个月后只剩下50%,但回忆气味的准确度高达65%。"三菱汽车曾经在广告中植入"新车味"这一主题,并强调汽车的味道很好闻。结果,三菱的一款赛车在两周内就脱销,三菱集团的销售额因嗅觉营销一下子上升了16%。

5. 味觉感官营销

味觉体验其实是一个综合性感官,除了依靠味蕾,还要依靠嗅觉和触觉。"老干妈"是味觉营销的佼佼者,在品牌名称里就强调"妈妈的手艺",尽管妈妈们做的酱并不一样,但勾起了用户关于记忆中妈妈做的酱的味蕾,从而会让用户更愿意去购买。

2.4.2 整合五感，引爆营销的多米诺效应

厨师在做菜的时候，有自己的主打招牌菜，我们称之为"主菜"。但这并不会让厨师在激烈的竞争中赢得更多的回头客。一位高明的厨师，懂得在主菜的基础上，加入不同的调料，使用不同的食材做成配菜。还不止于此，高明的厨师做出来的所有菜系，色、香、味俱全，像艺术品，却也有十足的烟火气息。如果餐厅环境、服务礼节、餐具能够与厨师的菜系相得益彰，那么客人们就会在多种感官协同效应下，成为忠实的回头客。

这道理和感官营销是相通的。据调查，人们每天平均接收5000条来自产品的信息，但只有1%左右会留存在当天的记忆里，一周之后，也只记得万分之一的信息。传统的品牌营销中，注重的是以视觉和听觉来传达品牌卖点，如果想强化人们对于品牌卖点的记忆或感知效果，必须整合五感，充分激活客户头脑中整体的记忆、感情、认知，引爆营销的多米诺骨牌。

以新型购物品牌K11（上海）来说，它与主流购物中心相比，只有3800平方米的建筑体量。但它在客户感官体验方面，可谓是将五感营销做到了极致。

从视觉营销角度来说，K11商场内所有通道、楼层、商家门口都摆放了艺术品。客户从进来那一刻直至离开，可以自己用地图导航艺术路线，也可以跟着专业导览人的讲解来进行路线设计。

从嗅觉营销角度来说，K11有自己专属的香草味道。K11做过一个调查，女性更喜欢这种好闻的味道，并且这种味道使客户在商场停留的时间更长，无形中为K11赢得了更多的营销机会。

第 2 章 入口：寻找影响客户购买行为的因素

从听觉营销的角度来说，K11 在每个商品楼层都配合业态安装了音乐系统。一楼的店铺是国际品牌，背景音乐为经典音乐；在年轻人商品的楼层，是欢快的流行音乐；在餐饮楼层，是能让消费者胃口大开的音乐；在一楼中庭广场，是大自然的音乐。

从味觉营销的角度来说，K11 在餐饮的招商方面，引进的都是全球第一次进入中国的全新品牌，给消费者带来了不一样的味蕾体验。

从触觉营销的角度来说，K11 有很多互动体验的地方。比如客户可以在复古照相馆拍一些复古的照片；K11 里面放置有很多艺术品，客户可以去触摸。客户可以在这些互动体验中，感受独属于 K11 的艺术氛围，流连忘返。K11 的 Wi-Fi 覆盖率超高且免费，使客户与产品、销售以及其他人的互动更便利。

2.5 "心理账户"对客户行为的影响

客户为什么不舍得花费辛苦赚来的 500 元钱去看一场音乐会,却能够将抽奖得到的 500 元钱在短短几秒钟就挥霍一空?为什么人们对掉在马路上的 1 元硬币看都不看,却乐此不疲地抢微信、支付宝的 1 元钱小红包?为什么很多人在"双十一"之前紧缩开支,在"双十一"来临时就疯狂"剁手"?

这就要说到心理账户的问题了。1980 年,美国芝加哥大学著名的行为经济学家理查德·萨勒首次提出"心理账户"的概念。他认为,人们在消费行为中受到沉默成本的影响,一个重要的原因是个体潜意识中存在"心理账户",即人们在消费决策时把过去的投入和现在的付出加在一起作为总成本,来衡量决策的后果。

在 1981 年,经济学家丹尼尔·卡尼曼进一步完善了"心理账户"的概念。他认为,客户在决策时根据不同的决策任务形成相应的心理账户。"心理账户"是人们在心理上对结果(尤其是经济结果)的编码、分类和估价的过程,它揭示了人们在进行(资金)财富决策时的心理认知过程。

关于心理账户,萨勒曾在一篇文章中列举过一个这样的例子:

第2章 入口：寻找影响客户购买行为的因素

两位球迷想去看篮球赛，篮球场地离他们住的地方有64公里。其中一位球迷已经买了门票，另一位球迷的票是朋友免费送给他的。突然，天气预报说比赛当晚有暴风雪。这两位持票的球迷，谁更愿意冒着暴风雪去看球？

答案很显然，是买了票的那位球迷更愿意去。这就涉及两位球迷心理账户的问题了。第一位球迷将门票与篮球赛归入一个账户中，错过比赛，关闭账户，对于他来说有很大的消极影响，一方面是钱没了，另一方面是看不成比赛了。而第二位球迷因门票是免费的，所以门票与篮球赛之间是分开的两个账户。对于他来说，反正门票是免费的，比起这次比赛，他会认为冒着暴风雪驾车看比赛是比较冒险的事情。

这个例子告诉我们，人们在决策时，通常不是将决策的各方面得失综合起来考虑，而是将问题分解成各自独立的心理账户，其感受的效用分别来自于这些心理账户中所产生的损益。

心理账户的本质特征是非替代性效应，也就是不同账户之间不能完全替代，这会使人们产生"此钱非彼钱"的认知错觉，从而导致非理性的经济决策行为。体现在现实生活中，最为典型的就是人们对路边被丢下的1元硬币计入没有被关注的账户，而对抢微信、支付宝红包的1元钱却计入受到关注的账户中。

销售人员可以利用心理账户理论，对客户的决策进行助推，使客户在心理账户效应的影响下，心甘情愿地选择产品或服务。下面，我们详细来说明。

2.5.1 客户心理账户分类

消费者头脑里有不同的心理账户，每一个账户都有不同的功能与用途。我国有学者通过研究,提出中国人的心理账户有三种主要类型,如图2-8所示。

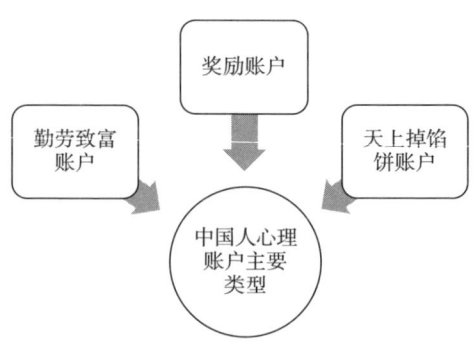

图2-8　中国人心理账户三种主要类型

一般来说,人们会将工资归到靠辛苦劳动积累的"勤劳致富"账户中;把年终奖视为一种额外的恩赐,放到"奖励"账户中;而把意外得到的钱,放到"天上掉下的馅饼"账户中。客户倾向于将相似的支出放在同一个账户,并锁定账户,各个账户预算之间相对独立。

在这三种心理账户中,勤劳致富账户里的资金支配方向为:日常必须开支、储蓄、家庭建设与发展开支;奖励账户中的资金支配方向为:储蓄、人情花费、家庭建设与发展开支;天上掉馅饼账户中的资金支配方向为:人情花费、储蓄、享乐休闲开支。

心理账户的存在,对客户日常生活的消费决策有着意想不到的影响力。比如"双十一",客户经过一番"剁手"后,有一段时间不会再购物,因为"双十一"已经使很多人的心理账户发生了沉没效应。但是,当"双十二"到了之后,花式促销手段纷至沓来,津贴、红包、叠加优惠、组团购物、"满××减××"……客户从心理账户的角度来感知价值,进行得失评价。这些"满××减××"、津贴、优惠券和红包在消费者的心理账户里，属于"天上掉下的馅饼"账户，客户经过一番衡量，会认为这种优惠能让自己从每一笔开支中得到节省，如果不抓住这样的机会买买买，就是损失，于是，不知不觉就开始消费。这其实不过是商家的"圈套"而已。

2.5.2 刻意操纵客户选择

客户心里存在着一个又一个的隐性账户。在这些账户的指引下，客户知道该在哪些地方花钱，买某件物品的预算是多少，如何合理分配等。当客户将其中一个账户的钱花光之后，不太愿意去动用其他账户的资金，因为这会打破账户之间的独立与平衡，使其产生不安情绪。

要说服客户增加对某项花费的预算是很困难的，但要改变客户对于某项花费所属账户的认知，却相对容易。换句话说，如果客户不愿意从某一个账户里支出消费，只需要让他们把这笔花费划归到另一个账户里，就可以影响并改变他们的消费态度。在实际生活中，其实很多销售人员都在有意无意中通过改变客户心理账户来操纵客户的选择。举例来说：

一位顾客去超市，本来准备买一瓶60元左右的大豆油。正在挑选的时候，超市的一位导购员告诉他："先生，我们现在有一款原价209元的亚麻籽油在做促销，现价只要169元。这款亚麻籽油，能降低胆固醇，预防心血管疾病，对于中老年人来说，是很不错的选择呢！"这位顾客一听这款亚麻籽油有这样的功效，想到家里老人们身体不好，就想试试这种油。于是顾客放弃了预算60元的大豆油，买下了超出预算的169元的亚麻籽油。

再比如，价格为几百元的巧克力，如果放在生活开支账户里，客户可能觉得不值，但是如果将其放在情感维系账户中，客户就会觉得买这样的巧克力送给最喜欢的人才是最好的购买决策。这种差异化地切换客户心理账户，会达到意想不到的效果。

  作为销售人员，你要思考如何让客户从最有钱的那个心理账户里花钱买你的产品或服务，也要经常去想如何使客户从不愿意花钱的心理账户，转移到另一个愿意为此买单的心理账户。当你能够做到巧妙切换客户心理账户时，你就能刻意操纵客户的选择，营销效果就能事半功倍。

第3章

锁屏：
如何找到优先客户群

▼

产品的采用者分为创新者、早期采用者、早期追随者、晚期追随者和落后者。其中，创新者是勇敢的先行者，自觉推动产品的升级迭代；早期采用者多在产品营销中扮演引领潮流的"公众意见领袖"的角色；早期追随者，与普通人群相比，他们更愿意体验新产品、新创意。在营销中，这三类人群是优先客户群。如果在卖点营销推广前期，搞定这三类人群，他们就能帮助产品完成口碑传播，产品的营销利润自然会呈爆破式增长。

3.1

穿客户的鞋走上一公里

20世纪50年代美国著名笑匠Jack Handey说过:"当你批评他人之前,请先穿上对方的皮鞋走一公里路。"他当然不是叫人真的穿上对方的鞋走路,而是指要体会对方的处境。

作为一名销售人员,如果只是尽量揣摩客户,不能精准把握客户的行为心理,就很难达到预期的销售目的。销售人员或管理者在精准定位客户心理后,根据自己与客户之间的实际互动来调整销售节奏,就能推动销售进程顺利进行。那么,如何精准把握客户的行为心理呢?

我们先来了解一个脑神经学概念——杏仁核。从情绪功能角度来说,"杏仁核"有产生情绪、识别情绪和调节情绪的功能。"杏仁核"是人类本能动作的支配者,特别是"面对危险、启动自我保护机制"的本能。当我们感到危险的时候,心跳会加速、肾上腺素的分泌会急剧上升,从而为身体快速反应做好准备。

在营销领域,客户的"杏仁核"无时无刻不在对他作出提醒,并最终引导他作出是否购买的决策。如果客户的"杏仁核"对销售过程中所分享的产品信息感到焦虑,害怕购买产品后有不利的影响,那么客户就会陷入自我封闭状态。如果客户的"杏仁核"所感知到的是安全的产品销售信息,那么客户就愿意以开放的态度去了解关于产品的更多信息,并愿意为产品买单。

那么,什么样的营销信息对于客户来说是安全的,是"杏仁核"愿意感知、传达的呢?如何通过营销信息的传达,锁定优先客户群呢?用一句话来说,就是要潜入客户内心深处,穿上客户的鞋走上一公里。

3.1.1 从"不安全感"到"安全感"

客户在初次接触某产品时,多会有一种"不安全感"。有的客户对价格存在不安全感,疑惑的是"市场参考价真的是这么多钱吗?";有的客户对产品的品质存在不安全感,例如"这件产品的档次和品位名副其实吗?";有的客户对产品所提供的功能或价值存在不安全感,例如"产品能否像销售人员或广告媒体宣传的那样棒?"

客户的这种"不安全感"对销售人员来说意味着一种机会,因为只要你解决这种不安全感,客户就会对你非常依赖。那么,如何让客户感受到你的产品卖点是有价值的、是值得信赖的、是应该首要选择的呢?

你可以从影响客户行为的因素入手,将自己代入客户行为模式,深切体验客户不安全感的来源,从这些源头解决问题。在移动互联网时代,客户行为影响框架,如图 3-1 所示。

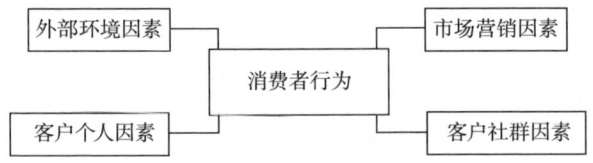

图 3-1 客户行为影响框架

第 3 章　锁屏：如何找到优先客户群

1. 外部环境因素

外部环境因素指：价值观、文化传统；政治经济法律环境；消费政策、设施、技术等社会消费基础机构；家庭结构、决策模式等。

2. 客户个人因素

客户个人因素指：年龄、地位、收入、职业、教育等体现阶层的因素；情绪、动机、认知、态度等；个性与自我概念等。

3. 市场营销因素

市场营销因素指：产品的服务、价格、渠道、品牌、顾客资产等营销要素；媒体、广告、促销、公关、情境等传播因素。

4. 客户社群因素

客户社群因素指：网上或终端社群对客户的影响；客户所偏好的虚拟社群以及价值观念；客户的参照社群等。

我们以纽约互联网时装品牌 Everlane 为例。这个超级高冷的品牌创立于 2011 年，五年后估值超过 2.5 亿美元，年利润达到 5000 万美元。这家线上品牌号称"从不打折""性冷淡"，就连实体店都是 2017 年 12 月才开始创立第一家。这样一个看上去很"低调"的品牌，是如何吸引客户，使客户趋之若鹜的呢？

方法一：风格简洁，不追潮流。Everlane 摒弃一切华而不实，不追时尚潮流，它追求的是"禁得起时间考验的风格"。因此，Everlane 的时装没有过多的花纹修饰，非常简约，2011 年推出的第一款 T-shirt 销售至今。

方法二：设计师与客户共同设计时装。在传统时尚界，设计师根据时尚趋势、销售业绩等因素设计服装款式，缺乏决策权。而 Everlane 则引用谷歌和苹果的产品思维，设计师根据客户意愿以及一些数据来设计服装。设计师还根据客户的反馈不断调整细节，在面料和设计方面持续创新。所以，即使在 Everlane 仍旧可以看到 2011 年款的 T 恤衫，但它的版本已经是"6.0 版"了。

方法三：定价与制作成本透明化。Everlane 采取"价格透明"的营销策略，拆解服装定价的每一个环节，将服装定价的秘密公之于众。比如一件 T 恤衫，官网标价 25 美元，后面会具体标注服饰材料费、生产设备耗损费、人工费、税费、运输成本等真实的费用，明确告知消费者自家衣服的成本。

方法四：从无折扣。Everlane 的衣服从来不设置打折的折扣，但对于一些尺寸或颜色滞销产品，会让客户自己选择价格。比如，一件原价 69 美元的衬衫，Everlane 提供了 $36、$49 和 $60 三档价格。36 美元包括了生产和运输成本；如果选择 49 美元，网页上会显示："这个价格能让我们赚 8 美元，还能有多余的利润给团队"；选择 60 美元，网页上会显示："这个价格能让我们更好地成长。谢谢支持！"

方法五：打广告的另类方式。Everlane 从不在传统的媒体渠道进行广告传播，它的主要广告阵地是社交网络、通过社群传播网红营销产品的方式，产生巨大的口碑效应。

可以说，Everlane 的"极致透明化"的营销理念，从方方面面消除了客户内心深处的不安全感。当客户知道了自己的每一分钱都花在了什么地方，知道社群里到处都在宣传 Everlane 的好处时，也自然而然成了 Everlane 最忠实的粉丝。

第 3 章　锁屏：如何找到优先客户群

3.1.2　"品牌人格"对接"客户消费者价值观"

"三只松鼠"于 2012 年在淘宝天猫上线，主要经营坚果、干果、茶叶等森林食品，上线 65 天后，就成为中国网络坚果销售第一名；2012 年"双十一"创造了日销售 766 万元的奇迹，名列中国食品类电商第一名；2013 年 1 月单月销售额超过 2200 万元；2014 年、2015 年及 2016 年分别实现营业收入 9.24 亿元、20.43 亿元、44.23 亿元，营收增长率均超过 100%。"三只松鼠"在极短的时间内获得飞速发展。这个小而美的实力派代表，是如何吸引消费者的呢？

进入"三只松鼠"旗舰店主页，就有这样一行字弹出来："主人么么哒，有什么需要为您服务，欢迎吩咐小鼠"。于是，冷冰冰的消费过程转化为生动有趣的沟通过程。他们称呼客户为"主人"，这种"尊贵"的身份，使客户倍感亲切、温暖。从客户下单收到短信提醒起，到收到"鼠小箱"上的生动对话，处处都能使客户感觉到信任与爱。

当客户打开包裹会惊喜发现"三只松鼠"的体验感极好：带有品牌卡通形象的包裹、开箱器、快递大哥寄语、坚果包装袋、垃圾袋、封口夹、卡通钥匙链、湿巾、传递品牌理念的微杂志等。这些小物件都是完全站在客户的角度为客户考虑。

"三只松鼠"使用的是典型的品牌人格化营销策略，将品牌的去组织化和人格化做到了极致。

产品品牌人格化，即将消费者对产品或服务各种特性的理解、看法转化成产品品牌人性的特征，将产品品牌与客户的个性、价值观对接，进而传达适合特定消费群体的营销信息。产品品牌人格化之后，能轻而易举唤起客户的认同情绪，拉近与客户之间的距离，增强与客户之间的黏性。产品品牌人格化营销可遵循这样几个步骤来进行，如图3-2所示。

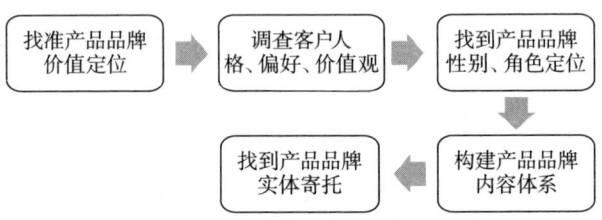

图3-2　产品品牌人格化营销步骤

1. 找准产品品牌价值定位

销售人员要先想清楚品牌价值观和定位，然后朝着一个方向坚持下去，不断重复，使品牌成为客户长期稳定的"朋友"。品牌的风格要固定化，不能今年高冷艳，明年又变成搞笑风。

2. 调查客户人格、偏好、价值观

客户在选购产品的时候，都会无形中寻找与他人格一致的产品。因此，你需要充分了解目标消费群的特征：他们想表达什么，他们的话语体系和逻辑是什么样的，等等。在充分了解之后，产品品牌的价值观、标签、话语就会越发清晰、适用。

3. 找到产品品牌性别、角色定位

品牌要化为一个人，那么就必须要有作为一个人的最基础的判断：性别是什么？角色是谁？品牌的性别与角色要根据品牌的价值观与定位来决定。

4. 构建产品品牌内容体系

产品品牌的内容、口号、故事必须与客户的价值观、偏好相吻合，能持久打动客户的内心。

5. 找到产品品牌实体寄托

可以是网红、明星，也可以是某种人格化的动物。但前提是，他们一定要受到特定客户群体的欢迎，并且能在很大程度上迎合特定消费人群期待的形象。

3.2 以客户接受曲线设计卖点导入时间

人们对于一项新产品的接受程度与接受时间并不相同。比如一项新技术，有些人可能在它一出现时就接受了；有些人则是跟随潮流，一直到这项技术趋于成熟或已经出现大批同类产品的时候，才开始接受；还有些人自始至终是持有抵触情绪的。当然，接受这项新技术的人们，也可能在使用过程中，会觉得这项技术好极了，或者突然不想使用了。

造成这些结果的原因，是因为不同的人对同样的产品在接受程度上是不同的。那么，如何将新产品成功推向市场吸引目标客户？如何使客户能够持续关注产品？这就涉及"接受曲线"的问题了。

在 20 世纪 40 年代，美国学者瑞恩和格罗斯研究玉米杂交的问题，他们在两个农区开展调查，研究人们对杂交玉米种子的接受过程。要知道，当时玉米杂交技术刚刚兴起，利用不同玉米品种之间的交叉传粉技术，可以增加新品种，提高产量。他们想知道人们是何时接受的，接受的原因是什么，哪些人更愿意接受。经过十几年的研究，他们发现了新技术扩散的一些典型特征，后来著名的美国传播学者罗杰斯总结出了"创新扩散程序"模型，这一理论于 1957 年发表之后，产生了巨大的影响力。

第3章 锁屏：如何找到优先客户群

这项模型理论认为："创新是一种被个人或其他采纳单位视为新颖的观念、时间或事物。而一项创新应具备相对的便利性、兼容性、复杂性、可靠性和可感知性五个要素。"罗杰斯把创新的采用者分为创新者、早期采用者、早期追随者、晚期追随者和落后者。创新者是勇敢的先行者，自觉推动创新；早期采用者是受人尊敬的社会人士，也可能是公众意见领袖，他们愿意引领时尚潮流，喜欢尝试新事物，但行为谨慎；早期采用者，与普通人群相比，他们更愿意、更早地接受新事物，有思想但行动谨慎；后期采用者，他们对新事物有一定的抵触情绪，只有当大家普遍接受后，他们才会在从众效应的影响下也进行尝试；迟缓者，因循守旧，保守传统，抵触新事物，只有当新事物成为主流时，他们才会被动接受。罗杰斯将创新事物的扩散分为五个阶段，如图3－3所示。

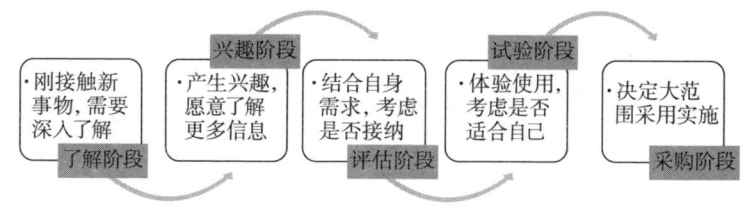

图3－3　创新事物扩散的五个阶段

新事物创新扩散过程可以用一条"S"形曲线来表示：在新事物出现的早期，采用者很少，进展速度也比较慢；当采用者在人群中占10%～25%时，进展突然加快，曲线迅速上升并保持这一趋势，突飞猛进；在接近饱和点时，进展又会减缓。

在营销领域，这一理论同样适用。当销售人员推出一种新产品时，在产品推出早期，客户极少，营销推广并不是很容易进行。但是当第一批客户转化为粉丝，并愿意说服某些群体的意见领袖，或者愿意同更多人分享这一产品时，产品的营销会迅速进入屡屡售罄的状态。随着产品市场份额的不断增大，同类产品也越来越多，此时产品逐渐进入一种稳定的营销状态。当人们对此类产品的需求呈现递减状态时，产品的销量开始持续下降，一不小心就进入衰退期。因此，在整个营销流程中，产品的持续更新迭代是相当重要的，务必使产品有一定的黏着性，对客户产生持续吸引力。

3.2.1 说服创新者与早期客户

美国发展经济学家简·奇普蔡斯曾于2011年在尼日利亚进行过一项研究，他深入某高中校园，对学生社交网络使用情况进行观察、记录并分析。

尼日利亚以年轻人居多，它的人口平均年龄为18.4岁，比欧洲和北美国家低一半。年轻人几乎都有自己的社交账号，会经常使用Facebook，社交很活跃。他们对价格也相对敏感。简·奇普蔡斯在调研过程中发现这样一件事：一个夏天过去后，某个班全班孩子们的手机都从诺基亚换成了黑莓。这是因为聊天软件BBM只有黑莓手机能使用，诺基亚手机却不行。简·奇普蔡斯认为，如果一个班级30个学生中，最为活跃的8个学生用了黑莓手机，那么剩下的22个孩子也会选择黑莓手机。但是如果率先使用黑莓手机的并不是8个有影响力的孩子，而是只有一两个孩子在使用，那么，黑莓手机就很难成为唯一的社交交流渠道，自然也不会有更大的影响力。

从罗杰斯的"S"形接受曲线来看，产品在推出时找到优先客户群的关键在于——说服创新者与早期客户。这两者如果能转变为产品的忠实粉丝，那么就能产生极大的人际传播效应，使产品迅速脱颖而出。

扫码解锁的摩拜单车，简单方便还健身。一家家共享单车不断地冒出来又倒下去，而摩拜单车却稳步前进，走出了国门，走向了世界。摩拜单车的成功离不开它对创新者以及早期客户的精准运营策略。

1. 理念

摩拜在推出时，就强调"低碳出行""环保""健身"等理念。

2. 合作者

摩拜单车是腾讯云的经典明星客户，一个是单车，一个是云计算，两者结合在一起，使腾云驾雾般的摩拜单车表现得更加神奇。

3. 品质

摩拜单车秉承汽车制造理念来制造单车，采用一体化轮毂、轴传动、自创智能锁等元素来打造一流品质。它虽然造价高，但却大众化。

这些产品理念无疑是最契合创新者和早期使用者的，伴随着产品迭代和口碑积累，摩拜的首批使用者忠诚度越来越高。正是靠着首批使用者良好的口碑传播，摩拜实现了自身的高速发展。

3.2.2 根据生命周期理论调整营销策略

1966年，美国俄亥俄州州立大学的著名学者卡曼提出了生命周期理论，用标准的生命周期来分析市场的发展、成长、成熟和衰退这几个阶段。卡曼的生命周期理论包含两种主要的生命周期方法：一种是从传统的、机械的角度来看待市场发展，即产品生命周期或行业生命周期；另一种是从客户需求的角度来评价产品和技术，即需求生命周期。

事实上，产品的生命周期与客户的需求生命周期并不是不相关的，相反，两者之间是相互影响、相互作用的关系。我们来看产品的生命周期变化情况，如图3-4所示。

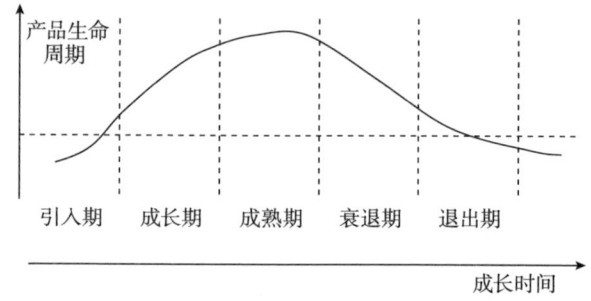

图3-4　产品生命周期变化

从客户需求的角度来说，客户对产品的需求在形式、功能、用途、更新频率等方面更加多元化。对于同一种产品来说，如何在竞争激烈的市场中占取优势地位，一方面取决于产品的品质和需求度，另一个方面则取决于是否采取了合适的营销策略来延长其成长期与成熟期。我们以LED彩电为例：

LED彩电刚投入市场时，属于产品生命周期的引入期，在此阶段，LED彩电企业以节能、绿色、高清晰度作为卖点吸引了部分客户。一些客户在使用之后，有了希望改善观看体验的需求，这是一种"初级需求"。

随着客户的发展，LED彩电成本降低，越来越多的企业进入这个市场，客户的选择性越来越多。而市场上，此类产品也开发出更多的品种和型号，并通过不断提升各项性能指标来抢夺客户的"选择性需求"。

当 LED 彩电普及之后，LED 彩电进入了成熟期。早期客户开始有了更新换代的需求，这个时候，他们就会根据早期的购买经验以及品牌的喜好来进行选择。此时，客户的需求属于"重复性需求"。

可以看出，LED 彩电投入市场后，只有根据客户需求变化对产品持续迭代更新，及时调整营销策略，在客户不同的需求阶段采取不同的营销策略，才能延长产品的生命周期，获得更多的价值客户。

3.3 你的社交媒体里,藏着挖掘不尽的客户

据调查,在全球30亿网络客户中,70%以上都是活跃社交媒体客户,他们都有自己唯一的社会身份。在这些社交媒体客户中,47%的社交活动发生在移动装置上。50%以上的客户是通过社交向朋友或社群了解评论,帮自己进行购买决策。据2016年《中国社交媒体影响报告》统计显示,51%的中国城市居民已成为社交媒体客户,较2015年大幅上升17%。

统计显示,从全球来看,美国人平均一天要打开Facebook的次数为17.9次,而中国人平均一天要打开微信的次数为14.5次。在美国,Facebook或是Twitter使用率为62%,而中国微博和微信的使用率是56%。美国和中国的社交媒体使用率,高于法国和英国的社交媒体使用率。在所有国家中,社交媒体上的活跃客户,女性要普遍高于男性。

社交媒体可以达到89%的精准目标锁定,而传统电商以IP为核心的目标客户精准度仅有26%。从社交媒体挖掘客户,不仅仅是搜索关键词、加好友、互赞、互动等这么简单,也不仅仅是通过搭建公司主页、平台,发布视频推广等吸引客户关注。只做这些是远远不够的,社交媒体里的目标客户还有很大的挖掘空间。

3.3.1 布局运营策略吸引客户

销售人员要想在社交媒体上挖掘客户，首先必须要做好企业营销运营的社交平台，将营销内容推到客户面前，才能吸引更多的目标客户。

销售人员或管理者可以在博客、微信、Facebook、Twitter 等平台上，设立公司的主页，详细地介绍公司，并为客户提供商业支持。在主页中设计 CTA 按钮，并搜集 leads 以方便后续业务联系的开展。在主页的内容运营方面，可以采取这样几种方式来吸引与稳固客户群。

在主页中，销售人员可以经常推送商业资讯，关于本行业、本公司的最新最全产品信息等内容。销售人员还可以定期为客户举办活动。发布活动信息，如表 3-1 所示。

表 3-1 相关活动信息发布示例

活动名称	简短精确的名称能获得较高的回应度。避免重复时间、地点等信息
活动图片	图片最佳像素为 1920×1080，突出活动特点，少出现文字
举办时间与地点	提醒客户合理安排时间来参加活动
产品品类	根据潜在客户特点，推荐其最感兴趣的产品
活动描述	内容描述要注重细节部分，语言简洁，逻辑清晰
选填项	该活动是否支持在线购票以及相关网址等信息

为客户举办活动时，应注意以下几点：

1. 创建活动

在编辑完相关活动信息后，创建活动成功。对于点击过 CTA 按钮的客户以及主动参与活动的客户，可以向他们投放广告。活动中或活动后，可给予客户一定的奖励优惠，可以提供一些试用产品、一对一厂商辅助等符合商业需求的奖励机制。以多样化、精准化的线上营销方式来调动客户的参与感，吸引客户，巩固客户关系。

2. 充分利用视频进行营销推广

现如今，视频营销推广是趋势所在。采用视频形式传递品牌信息、吸引客户的推广方式需要讲究一定的技巧。首先，要确保采用的视频故事性强，能够与客户形成强烈的共鸣。其次，要以年轻化为最佳定位。一般偏爱视频推广这种营销方式的群体多为"90后"，他们乐于表达自我，喜欢社交，偏爱娱乐，注重互动与体验感。而多场景+短内容+无缝化切换和链接——这种短视频营销推广方式，更容易获得他们的青睐。最后，在视频营销中，不要长时间讲复杂的故事，要使营销故事与年轻人快速读屏的场景相匹配。比如，2016年火速蹿红的papi酱的短视频，幽默、诙谐引人关注。新媒介、语言、红人、泛娱乐化内容等是视频营销成功的重要元素。

3.3.2 挖掘社交媒体数据找客户

上一节所说的建立个人主页，在主页运营方面采取积极措施来等待客户搜索，吸引客户，这其实是一种被动的找客户方式。与之相比，更为主动的方式则是主动出击，通过不同的社交媒体上的社交数据寻找潜在客户。

这里所说的社交数据，是指来自社交网络的信息，包括显示客户分享\评论的情况，以及客户与你的内容、个人资料的互动情况，如图3-5所示。通过分析这些数字——百分比和统计数据，能帮你更好地制定挖掘客户的营销策略。

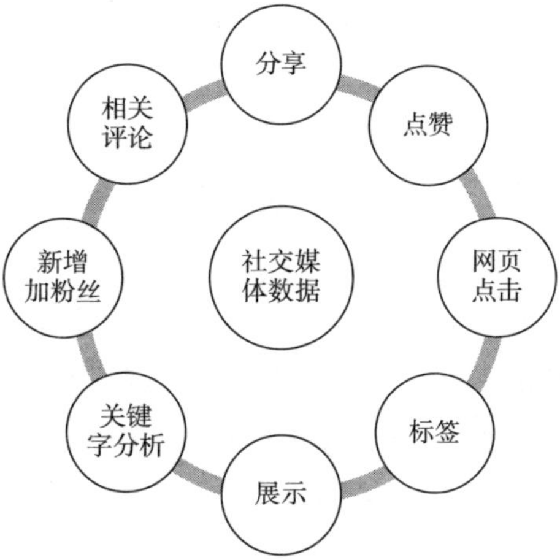

图 3-5 社交媒体数据

（社交媒体数据：分享、点赞、网页点击、标签、展示、关键字分析、新增加粉丝、相关评论）

销售人员可根据收集到的社交媒体数据，搭建社交媒体分析系统，对其进行分析评估，更精确地寻找潜在客户，把握客户的市场需求。

销售人员在对社交媒体数据进行分析之前，要先确定需要重点跟踪的社交媒体关键数据的绩效指标，这有助于更好地规划挖掘客户的策略。事实上，如百度、微信、Facebook、Twitter、LinkedIn、Google 等热门社交平台，都有相应的平台数据分析。以 Facebook 商务页面的这些指标为例：

展示：页面被点击查看内容的次数。

点赞：页面点赞总数以及与上周点赞数据的对比情况。

帖子覆盖率：显示看到你网页的相关内容或广告的总人数、页面访问人数、页面帖子留言人数。

参与度：过去一周内客户发布内容所得到的点击数、点赞数、评论数、分享数以及这些数据与前一周的比较。

反应：客户对帖子的不同反应态度，如喜欢、惊喜、愤怒等情绪反应所对应的人数。

销售人员可以通过这些数据统计进行综合分析，找到真正对公司内容感兴趣，真正有需求的潜在客户，获取其相关账号、简介、网站、联系方式等。

在众多的社交媒体工具中，LinkedIn 是个具有专业商业思想的社交媒体营销平台。LinkedIn 定位精准，它提供的定位选项包括：职业、公司情况、教育程度、人口统计等元素，LinkedIn 的客户因更多是商业客户，相对来说，他们更容易接受相关广告。通过 LinkedIn，销售人员更容易直接接触到决策者，使商务谈判变得更加高效。

需要注意的是，销售人员在使用社交媒体挖掘客户时，要注意把握每一种媒体上的重点数据，比如在 Facebook 上，可以将参与率、粉丝增长、关注人数、新关注者、帖子覆盖率这几项作为重点挖掘数据部分。此外，对这些数据的持续跟踪也是相当重要的。一方面，它会使你能够花费更多的精力来了解客户的真实需求，更好地维护客户关系；另一方面，因为更深刻地洞悉了客户的需求与心理，可以使销售人员对社交媒体的营销推广作出更有价值的决策。

第 3 章　锁屏：如何找到优先客户群

渲染卖点感染力，使客户持续关注

有这样一个故事：一个青年很崇拜他的父亲，他希望自己也成为像父亲那样白手起家的成功商人。于是，这位青年决定效仿父亲。他历尽艰险来到热带雨林，找到一种高 10 余米的树木，这种树在整个雨林只有一两棵，如果砍下一年后让外皮朽烂，留下木心沉黑的部分，一种奇妙的香气便开始生发出来。这种木头放在水中不像别的木头一样会漂浮起来，反而会沉入水底。青年觉得自己发现了商机。

青年将这块木材运到市场去卖，却无人问津，这使他十分烦恼。而他身旁有人卖木炭，买者很多。这青年就自作聪明，把香木烧成木炭，挑到市场去卖，不一会儿功夫就卖光了，且价格比普通木炭要高出一倍。青年觉得自己天生就有商业头脑，他第一时间回家告诉了父亲这一消息。

他父亲听了之后，泪水刷刷地落下来了。原来，青年烧成木炭的香木，是一种名贵的树木——沉香。他父亲告诉他："只要切一块磨成粉屑，价值也要超过卖一年的木炭……"

卖点错了，一切努力都会白费。在这个故事中，青年犯了两个错误，一是木材有多种用途，即多个卖点，他却选择了最差的那个卖点，而且缺乏渲染大卖点的营销能力；二是目标客户群找错了，将"锦缎"当"抹布"卖给了错误的客户群。

一件产品往往有多个卖点，客户最为关注的卖点是什么？产品的哪个卖点最能凸显产品价值？如何使得大卖点产生强大的感染力？这些都是销售人员要经常思考的问题。

事实上，对于有些产品来说，如果销售人员不说出来，客户并不总是能够自觉发现卖点的。销售人员只有自己找到大卖点，并巧妙地说出来，客户才会怦然心动。比如，百雀羚护肤品，客户从名字中并不能感知品牌的魅力。但是，如果在营销推广环节告知客户这样一些信息：百年品牌、古老配方、明星同款等，此时，客户就会对品牌产生兴趣。

在营销推广过程中，销售人员如果能利用文案巧妙地"说"出大卖点、凸显大卖点，那么，就能极大地唤起客户的需求，使客户产生强烈的购买欲。

3.4.1 卖点营销文案模板

现实中，你营销的产品或服务，可能做不到星巴克那样的味道，做不到京东快递那样的速度，也做不到像海底捞那样提供全方位的周到服务。说白了，你的产品或服务无法做到行业第一，或者说，也很难在行业中树立差异化的定位。这种情况下怎么办？

有一句网红评论语叫作"耳机音质好不好，主要看文采"。这种情况下，卖点的文案做好了，就能使普通的卖点瞬间成为能吸睛的大卖点，吸引一大批客户。只要第一批客户在使用之后，体验感较好，与周围人分享后，就有了第二批、第三批乃至更多的客户。这里介绍一种产品卖点营销文案模板。

第3章 锁屏：如何找到优先客户群

美国广告文案界的传奇人物约瑟夫·休格曼在其著作《文案训练手册》中提出，写出一个伟大的文案，只需要七个步骤，如图3-6所示。

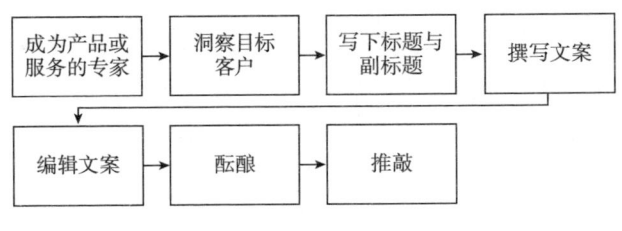

图3-6 写作文案的七个步骤

1. 成为产品或服务的专家

只有对你的产品或服务相关的事情有更深入的了解与洞察后，你才会找到创意所具备的资源。

2. 洞察目标客户

"谁是产品或服务真正的需要者？""哪些可以激励你的潜在客户最终成为你的客户？"对目标客户的洞察越深刻，越能使文案主题更加精准，同时，也更开阔你的文案思路。

3. 写下标题和副标题

它们是促使读者阅读的第一句话，因此，必须要能抓住读者的视线，创造出足够的好奇心。

4. 撰写文案

对于不经常写文案的销售人员来说，在这一步，不要为句子结构、语法和标点担心，只要开始写，并且继续写，你脑中所有关于产品的故事就会运转起来。

5. 编辑文案

在一气呵成之后，回过头来，改正拼写、语法、标点和句子结构的错误，删除那些与表达你的想法不相关的词汇，修改一些没有亮点的词汇。

6. 酝酿

编辑完成后，将文字放在一边，出去散散步，或者做一些其他令人愉悦的事情，让文案继续酝酿。这种状态大概持续几个小时或一两天的时间。

7. 推敲

在最后一次看文案时，你会发现还有很多地方需要精练。当然，你也可以简单地重复步骤5和步骤6，直至做出满意的文案为止。

文案经过这七个步骤就算完成了。但是如果想要使文案对卖点的阐释力更强大，就需要对文案进行检验。你可以反思这样几个问题：

- 文案有没有直击客户痛点？
- 直击了几个痛点？（痛点太多等于没有痛点。如果痛点多了，请精简至1个。）
- 痛点的表述是否直白、简单，方便客户"对号入座"？
- 客户看了这篇文案，心中会燃起一种怎样的情绪，这种情绪具有感染力吗？
- 客户在看完文案后，是否会立即采取行动，是否愿意分享给更多朋友？

3.4.2 渲染，渲染，渲染

做食品的都说自己的产品是有机、健康、无污染的产品；做化妆品的都说自己的化妆品具有滋润、逆龄、新生的功能；做建

第3章 锁屏：如何找到优先客户群

材的都说自己的材料环保、健康、有品质；很多企业都说自己诚信、客户至上……这样来叙述卖点，显然毫无吸引力可言。

要想让卖点营销文案能够一下子唤起客户的兴趣，单凭文字上如何润色是无法完成的，必须设计好营销文案所传达的内容。那么，如何用文案表达卖点，才能更好地吸引起客户的兴趣并使其印象深刻呢？不妨参考这样三种方法：

1. 超级实验法

在文案中，你当然是不能随意夸大产品卖点的，但是如果使用"超级实验法"，就能轻易地将卖点放大几十倍。举例来说，在2000年，国内一家涂料公司主要生产一种墙面漆，在开始进入市场时，他们是这样做的：

老总当着很多客户的面，打开一桶涂料，倒了半杯，兑上一些矿泉水，咕噜咕噜喝进肚子里，喝完后依然面带笑容。这件事被多家有影响力的媒体争相报道，所有人都相信了他们的涂料是绿色、环保、健康的，一些国企和大型私企都纷纷指定使用他们的涂料。这种"干了这杯涂料"的方法，显然比直接说涂料是绿色、环保、健康的要有效得多。

2. 话题故事法

人们对于一些不同寻常的新闻事件、热门话题或故事更容易产生兴趣，因此，文案中可借用新闻话题、热门话题来吸引客户关注。比如：

男士职场着装看《猎场》，认识金融行业精英，怎么穿搭好看？

她是如何进入渣打银行工作的？3天，迅速拿到外企offer！

生命不息，奋斗不止！2012，老罗英语，世界末日，照常上课。

3. 感官场景法

客户面对一款产品或一篇文案时，如果无法获得感官或场景上的体验，是很难有购买欲的。因此，你的文案必须充分调动感官，营造场景，让客户深刻感受到你的产品能带给他哪些美妙体验。

举例来说，一个藏鸡蛋为5元，卖点在哪儿？怎么说，客户才会认为5元一个的鸡蛋是物有所值？你得让客户知道，这不是一般鸡生的蛋，这种鸡是吃天山雪莲与吃冬虫夏草长大的，七天才生一个鸡蛋，是在唐古拉山的野外环境中放养长大的。

这种场景营造，会使客户通过想象在头脑中构筑画面，觉得这个鸡蛋的营养价值非常高。这种情况下，客户就会觉得藏鸡蛋5元一个太划算了，就是10元一个也照样值得购买。

3.5
参与感是客户无法抵挡的吸引力

以往,品牌和媒体对客户的影响力是巨大的,很大程度上能主导消费行为。如今,随着消费渠道的多元化、客户消费意识的崛起,人们的消费观念从功能式消费、品牌式消费、体验式消费,依次发展到如今的参与式消费。

在新型消费观念下,传统的营销理念正遭受巨大挑战。越来越多的企业开始调整自己的营销手段,从传统的、单一的为客户提供产品和服务的过程,逐步将品牌建设的话语权交给了客户,让客户积极参与。企业不仅仅是将产品卖点与客户需求同步,而且是将产品如何走向市场与不断变化着的客户消费方式匹配。企业在强化客户参与营销的同时,与客户之间建立了一种相互尊重、信赖的合作伙伴关系,不仅大大满足了客户的需求,而且企业营销利润也呈几何级增长。

客户参与式营销,包括这样五种形式,如图3-7所示。

那么,销售人员或管理者应怎样调动客户的参与感,才能使客户充分参与到产品的运营过程中,并产生超预期的营销效果呢?

销售人员或管理者可按照这样四个步骤来设置客户价值,参与共创系统:

第一步:界定、细分客户类型,知道哪一类型的客户是产品

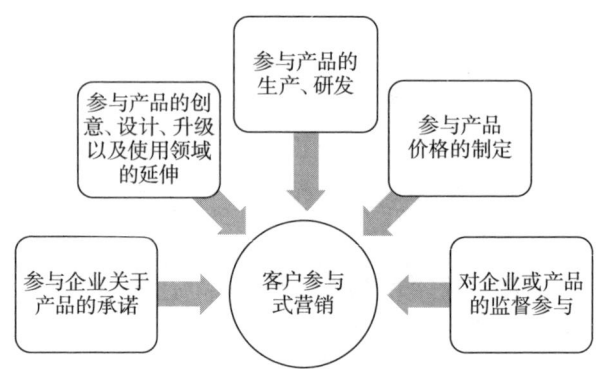

图 3-7　参与式营销的五种形式

早期的接受者、发烧友或最终购买者。

第二步：使用品牌官网、论坛、微信群等一系列工具挖掘这些合适的客户。

第三步：充分考虑客户的特质以及心理动机，设计基于互联网的虚拟互动方式以及规则。互动设计参数包括：互动强度（参与的人数、时间、频率）；丰富的互动媒体（如虚拟产品的展示、动画、音频等）；沟通方式（单向、双向、多向或团体、个人等）；提供激励（以客户命名产品、货币补偿、乐趣等）。互动环节的设计一定要让客户觉得简单、有趣，这样更容易调动客户的参与感。

第四步：邀请客户参与互动。在客户参与互动环节，客户会提出很多问题，需要一些帮助，销售人员或管理者应迅速、礼貌、直接作出回应，以促进客户更好地参与互动，提升互动营销的价值。

3.5.1　五种体验调动客户参与感

参与式营销可以使销售人员持续了解客户的想法和需求，又可使销售人员与客户进行有效互动，充分调动客户的参与热情，使产品迅速火爆。要想充分调动客户的参与感，可以深挖产品能给客户带来五种维度体验的卖点。具体如表3-2所示。

表3-2　产品五种维度体验卖点

产品的实用性	产品的社交性
·创造身临其境的感觉	·吸引关键大众
·形成交互目标	·鼓励彼此合作
	·关注对话
产品的易用性	·注重信息社交传播
·使客户使用简单、便捷	
·提供个人化支持	**产品的享乐性**
·提供清晰的产品导航指引	·提供具有挑战性的任务
	·给予一定的娱乐享受
产品的合作性	
·建立"共创系统"	

宜家如今是全球家居零售巨头，它的创始人英格瓦·坎普拉德认为，企业之所以能够以裂变的形式增长，是因为他们持续不断创新的家具营销理念。宜家的成功因素中，调动客户参与感便是其中之一。宜家充分利用了客户的五种维度的体验，激发客户的参与感。

在国内，很多传统的家具零售商城都会在一些家具上标注"请勿坐"等警告字样，但宜家却截然不同，它鼓励客户"请坐上去，感觉一下它是多么的舒服"！宜家理念就是注重客户体验，宜家每年都会根据潮流趋势变化推出年轻人最喜欢的若干种生活方式，并利用情景体验以及参与产品DIY等方式展示给客户。

宜家卖场一般有三层，其中，宜家有一整层的面积来做生活场景的情景展示。宜家在摆场上采用"回字型"的情景间＋集中展示的单体组合形式，还原家庭使用的真实场景，使客户"对号入座"，愿意积极体验。宜家通过这种方式与客户的需求进行无缝对接。

宜家还会定期发起一些习惯调查，比如宜家发起储藏收纳习惯调查，再根据客户的意见设计个性化产品。宜家还鼓励客户DIY，购买、组装过程都只给予简单指引，由客户亲自动手"创造"，客户因此就会越发地珍惜家具。

宜家的这种参与式体验销售，使客户体验到产品的简单、实用、便捷与舒适，极大地调动了客户的购买欲。客户更愿意在社交媒体分享宜家的家居文化，直接引爆了宜家的良好口碑。

3.5.2 忠诚度→美誉度→知名度

20世纪80年代，在营销研究和实践领域出现了一个重要概念——品牌资产。1991年，品牌管理专家大卫·艾克在综合前人理论的基础上，提炼出品牌资产的"五星"模型，认为品牌资产包括：品牌知名度、品牌认知度、品牌联想度、品牌忠诚度和其他品牌专有资产（品牌溢价力、品牌美誉度）。这些资产通过多种方式向客户和企业提供价值。

在品牌资产的"五星"模型中，品牌知名度与品牌认知度属于浅层品牌资产，它们是品牌成功的基础，但并不能构成品牌成功的优势。品牌忠诚度、品牌联想度和品牌溢价力等属于深层品牌资产，它们为品牌带来更多的市场份额和丰厚的利润，使品牌更具有竞争力。

传统的企业产品在品牌营销层面，都是先易后难，先培养产品的知名度，继而是产品的美誉度，最后才是产品的忠诚度。但

第3章 锁屏：如何找到优先客户群

在互联网时代，这种传统的营销方式显然具有一定的滞后性。如今，一些成功企业都是采取了逆向思维，先培养产品的忠诚度，再培养产品的美誉度，然后才是产品的知名度。

小米就是典型的逆向营销思维。小米的副总裁黎万强概括小米调动客户参与感的法则为"三三法则"，即，三个战略：做爆品、做粉丝、做自媒体；三个战术：开放参与节点、设计互动方式、扩散口碑事件。

以小米 MIUI 的参与感构建来看，MIUI 除了工程代码编写部分，其他的产品需求、测试等都对客户开放，并且根据客户的反馈，对产品进行更新迭代，使企业与客户双方都获益。MIUI 的互动设计基于论坛讨论来收集需求，并在每个固定的"橙色星期五"更新。MIUI 为最早参与的客户拍微电影《100个梦想的赞助商》，通过鼓励客户分享，不断制造并放大口碑。

正是客户的这种深度参与，使小米的 MIUI 收获了令人吃惊的良好口碑和增长速度。这份口碑，也构成了小米在日后发布新型手机后火爆的客户基础。小米 MIUI 靠着开始的100位客户一下子收获了50万发烧友粉丝。然后这50万发烧友又为小米持续带来新的粉丝客户。截至2017年，小米全球客户已突破2亿。

小米从客户参与感切入，满足客户"在场介入"的心理需求。当客户真正地参与到企业产品研发或销售活动中来之后，就会自然而然地希望自己所参与的项目能成功，并为此愿意通过吐槽、转发、提供建议等手段进行互动，产品的客户忠诚度自然就建立起来了。这些客户用口碑引发的裂变效应，自然而然就培养起产品的美誉度、知名度，使营销呈现持续火爆的场面。

3.6 忙碌≠高效,影响力使卖点自带光环

试想这样一个营销场景:你约见了几位客户,这几位客户几乎都对你提出的问题表现得很感兴趣,他们也积极体验产品所带来的感官价值。你一直不停地为客户解答各种关于产品的问题,特别忙碌,但最后客户却选择了别家的产品,有效客户数为零。

再试想另一种营销场景:你在公众号营销以及其他媒体营销上花费了大量的时间,为了一篇营销文案,你甚至经常加班到夜里两三点。可是产品的营销业绩并没有因为这种忙碌而有所提升,长久以来,很难形成客户群的口碑效应。

我们说,努力不等于成功,忙碌不等于高效,结果不等于成果,但影响力却可以使产品自带光环。从营销的角度来看,影响力是影响行动的能力。如果你本人缺乏自身的影响力,你的产品的光环也会减弱。如果你在整个营销流程中,无法利用意见领袖的影响力,就很难吸引客户。但是,如果你能在提升自身影响力以及在利用意见领袖的影响力上多下点功夫,在营销层面就能起到很好的辅助效果。

从个人影响力提升的层面来说,美国影响力专家罗伯特·西奥迪尼通过对说服与顺从行为进行研究,提出影响力背后的六大基本原则,如图3-8所示。

第 3 章 锁屏：如何找到优先客户群

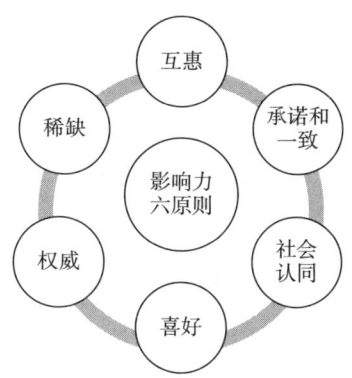

图 3-8　影响力六原则

互惠、承诺和一致、社会认同、喜好、权威和稀缺这六大原则，对销售人员的影响力有着巨大的作用。销售人员只要能灵活运用影响力的六大原则，就能极好地提升个人影响力，粉丝自然而然就愿意被吸引。

3.6.1　提升个人影响力的方法

我们分别来说明这六大原则的实际应用方法。

1. 互惠原则

所谓互惠原则，即当他人对我们有所恩惠时，我们也会尽量以类似的方式来报答。互惠及其伴随而来的亏欠还债感，在人类文化中十分普遍。

比如，上门而来的美容沙龙销售人员，她极其热心地为你免费做了皮肤检查并给你的皮肤提出了许多切实有用的建议。从头到尾，她没有向你推荐购买她的美容院的产品，她让你加她微信，并且说，从她的微信里，你能学到很多关于化妆的技巧，也能享受很多免费皮肤护理服务。你自然不愿意屡次接受这种恩惠，你更愿意给予她一定的馈赠。

销售人员可以在允许的条件下多多给予客户惠赠，多关心客户生活、工作的方方面面，充分利用对方的互惠心理，这样自然而然就会对客户心理产生一定的影响力。

2. 承诺和一致原则

心理学研究表明，人们一旦做出一个承诺或者一个选择，自我形象就会受到双重压力：一种是来自内心的压力；另一种是来自外界的无形压力。这两种压力综合作用，迫使人们按照承诺来调整自己，借以证明自己先前的选择和承诺与自我形象是一致的，是不会改变的。销售人员可利用这种原则，先迫使客户作出一种选择或承诺，使其在无形中受到这种影响力的制约，作出与承诺或选择一致的购买行为。

3. 社会认同原则

人们进行是非判断的标准之一就是：其他人如何看待这件事。比如人们在购物或去吃饭时，习惯打开某些点评类网站，看别人的评价。因此，销售人员在塑造个人影响力时，要多利用周围人的一些积极评价，并将其自然而然地展示给客户。这种做法可以无形中提升你的影响力，更容易获得客户的信任。

4. 喜好原则

如果是自己喜欢的人提出的要求，一般人是很容易就会答应的。对于这一点，恐怕不会有人感到吃惊。令人吃惊的是，有些我们完全不认识的人却想出了上百种方法利用这种原理来拓展其影响力，比如特百惠公司的家庭聚会能使每天的销售额超过250万美元。销售人员也可以利用这种原理，多站在客户的角度去思考客户喜欢什么样的人，然后将自己受客户欢迎的一面展示在公众面前。一段时间后，就能轻而易举地积累大量粉丝客户。

5. 权威原则

人们更倾向于听专家的意见，在做决定或者采取某项行动的时候会很容易受到专业人士的影响。因此，销售人员要想提升自己的影响力，必须不断学习，专注某一行业或领域，并在这一行业或领域取得成绩。如此才能更有话语权，更有影响力。

6. 稀缺原则

所谓稀缺原则，概括来说就是物以稀为贵，机会越少见，价值似乎就越高。稀缺原则是基于人们维护既得利益的抗拒心理与对稀有资源的竞争心理。销售人员可利用客户的这种心理，不要过多地讨好客户，而是为沟通设置"日期"。如此一来，客户的这种心理一旦被唤起，就更愿意同销售人员合作了。

3.6.2 利用影响力人物达成目的

人气明星杨幂就具有强大的时尚品牌影响力，被称为"带货女王"。

2017年9月，继杨幂成为雅诗兰黛中国及亚太部分地区的品牌代言人之后，轻奢品牌 MICHAEL KORS 宣布杨幂成为其全球首位品牌代言人。随后，MICHAEL KORS 亚洲市场销售额同比暴增30.4%，达到1.24亿美元。

阿迪达斯旗下三叶草品牌也宣布杨幂为全新大中华区品牌形象代言人，同一天，H&M 官方宣布杨幂、赵又廷成为其2018年新春系列代言人。

根据2017年阿里巴巴的一份"双十一"期间《明星消费影响力报告》显示，在众多明星中，杨幂综合得分最高，力压迪丽热巴、鹿晗、古力娜扎等人。仅7~9月这三个月，就有超4亿人次在淘宝上搜索"明星同款"，相当于半个杭州城里的人每天都在淘宝上搜一次"明星同款"。

有影响力的人物社交媒体覆盖面非常广，拥有众多的粉丝，可以迅速使得品牌和产品与受众建立联系，并且保持互动。如果运作良好，影响力人物营销可以给推广计划带来可信度，提升品牌的价值，获得大量的潜在客户。但如果运作不当，也容易产生负面的影响力。那么，如何使影响力人物发挥其正面的影响力效果？不妨从以下五步来进行策划，如图3-9所示。

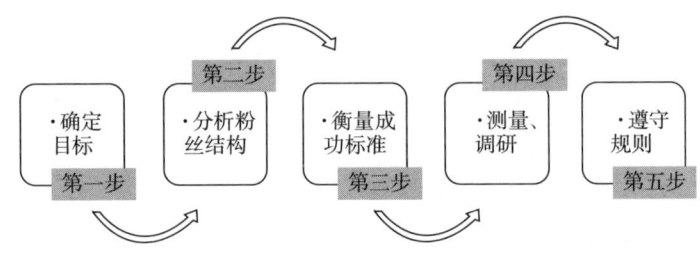

图3-9 影响力人物发挥正面影响的五个步骤

第一步：明确营销计划要达到的具体目标，比如年销售额、市场占有率等。

第二步：对影响力人物的粉丝结构、规模、购物偏好等作出分析判断。

第三步：制定衡量营销计划成功的标准，比如销售商品数、注册人数等销售指标。

第四步：测量营销覆盖面，调研受众对营销信息的态度。

第五步：需遵守不同国家关于影响力人物营销的相应规章制度。

第 4 章

逻辑：
提炼卖点的技巧

▼

卖点的逻辑无非八种，卖体验、卖故事、卖创意、卖痛点、卖品牌、卖价格、卖身份、卖情怀。只有沿着这八种逻辑找对卖点，提炼卖点，用卖点诠释产品和服务的灵魂，你才能搞定客户。

4.1

卖体验：超越客户预期，就能带来惊人业绩

在移动互联网时代，客户行为领域最重要的趋势之一是体验消费。传统的营销方式也随着体验式经济的发展发生了一些改变，体验式营销开始大行其道。

美国营销管理学家伯德·H·施密特博士认为，体验式营销是从客户的感官、情感、思考、行动、关联五个方面，重新定义、设计营销的思考方式。这种思考方式认为客户是理性与感性兼顾的，客户在消费前、消费时、消费后的体验，是研究客户行为与企业体验式营销策略的关键。伯德·H·施密特博士还将这些不同的体验形式称之为战略体验模块，它的框架如图4-1所示。

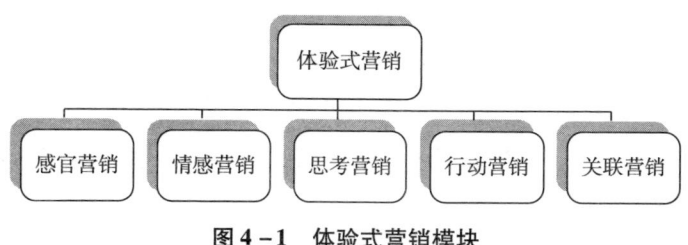

图4-1　体验式营销模块

1. 感官营销

在前面的第2章，我们已经介绍过感官营销的目的是创造客

户的感官知觉体验，在这里，我们将感官营销细分为公司识别、产品识别、调动客户购买动机、增加产品附加值等要素。香港一家超市门口开了一家面包店，客户从巨大的明亮玻璃窗旁，能清晰地看到厨师制作面包和点心的每一个动作，同时，面包的香味也在刺激着他们的感官，使他们感到饥饿。即使在经济不景气的 2009 年，这家超市因为这个小店的感官营销，业绩上仍旧保持了增长的态势。

2. 情感营销

情感营销的目标是为客户创造内在的感情或情绪体验，多是正面而强烈的感情或情绪。法国克里斯汀·迪奥公司于 1985 年推出的香水品牌"Poison"（毒药）一直为时尚新潮的女性所钟爱。这款香水无论在气味还是在名字上，都有一种神秘、脱俗，甚至有点吓人的感觉，满足了客户的猎奇情感需求，对客户来说，它充满了诱惑力。

3. 思考营销

思考营销多是以创意方式引发客户的惊讶、思考或兴趣，并为客户提供认知和解决问题的经验。1998 年苹果公司的 iMac 计算机上市时，有一则创意广告，它将"与众不同的思考（Think Different）"作为标语，结合许多在不同领域的"创意天才"，包括用爱因斯坦、拳王阿里、理查·布兰森等人的黑白照片来宣传。这广告使人们在使用苹果电脑的时候，也思考自己的与众不同，希望自己也成为创意天才。因此，iMac 计算机上市仅六周，销量就达到了近 28 万台。

4. 行动营销

行动营销是通过增加客户的身体体验、生活型态来丰富客户的生活,增强品牌与客户之间的互动。在美国,几乎每销售两双鞋中就有一双是耐克。耐克公司成功的主要原因之一,是有出色的"尽管去做(Just Do It)"为主题的广告。广告将著名篮球运动员迈克尔·乔丹的运动,升华为客户身体运动的体验,可谓行动营销的典范。

5. 关联营销

关联营销包含前面四个层面的营销,它超越私人感情、人格、个性,与个人对理想自我、他人或是文化产生关联。美国哈雷机车是关联营销的典型。哈雷就是一种生活形态,从机车本身到与哈雷有关的商品,哈雷的忠粉甚至还会将哈雷商标纹在身上,将哈雷当作他们自身识别的重要标识。

4.1.1 体验式营销系统流程

美国营销管理学家伯德·H·施密特认为,销售人员想要实施一个体验式营销战略,需要对企业的内部和外部情况进行综合分析;考虑目标客户群的喜好、价值观、行为以及社会文化对他们的影响;考虑产品的质量、功能、知名度、美誉度、销量等情况;考虑整个行业的相关情况。在综合考量这些要素的基础上,采用合适的体验媒介,规划属于企业的体验式营销战略。

伯德·H·施密特的观点是站在宏观层面上来说的,而从微观层面出发,销售人员想要构建客户角度的体验式营销,其流程就相对简单一些,可分为以下几个步骤,如图4-2所示。

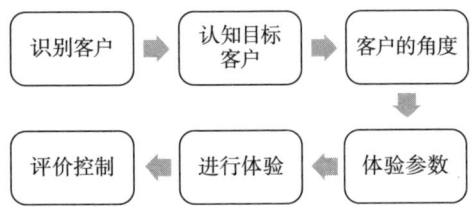

图 4-2 体验式营销构建流程

1. 识别客户

销售人员需要明确目标客户的范围，对目标客户进行细分，针对目标客户进行购前体验，确保为不同类型的客户提供不同形式、不同水平的体验。

2. 认知目标客户

销售人员通过市场调查或大数据筛选，分析目标客户的信息。深入了解目标客户的特点、消费需求、偏好等，知道他们喜欢什么，有什么样的担心或顾虑。然后销售人员可以有针对性地提供精准的体验手段来满足目标客户的需求，消除其疑虑。

3. 客户的角度

销售人员需要根据客户的利益点以及顾虑点来设置体验式销售过程中客户的重点体验部分。

4. 体验参数

销售人员需要确定针对特定客户群的相应卖点，设置顾客体验的参数。这样，在客户体验之后，销售人员可以根据相应的体验参数对产品或服务做出判断，并不断改良。

5. 进行体验

销售人员需要预先准备好让客户体验的产品、服务，确定便于达到目标的渠道，以便使目标客户群进行体验活动。

6. 评价控制

销售人员要对体验式营销的运作进行评估，评估项目包括：产品效果如何，客户是否满意，客户是否释放了购买风险，等等。通过这些方面的评估，了解体验式营销活动的执行情况与执行效果，以便进行下一轮运作。

4.1.2 颠覆创新式体验升级

牙膏在刚推出市场的时候，是没有添加任何味道的。但是一位聪明的商人霍普金斯在做自己的牙膏"白速得"的时候，添加了一个很重要的小创意：在牙膏成分中加入了柠檬酸、薄荷油等物质。结果这一小小的举措彻底颠覆了人们刷牙的体验。人们在刷完牙后，口腔里有一种特别清新的感觉，给人的感觉是口腔变得更干净了。因为这种美好感觉的体验，人们养成了刷牙的习惯。

基于客户体验的颠覆式创新，致力于为客户创造更好的体验价值。它并不是同现有的主流市场争夺客户，而是通过满足新的现有主流产品的"非消费者"来求得生存与发展。当颠覆式创新发展到一定程度，新产品的性能提高就会吸引越来越多的主流市场上的客户体验、购买。

关于颠覆式创新，360总裁周鸿祎举过一个很贴切的例子。他以胃镜来进行对比："你要先吃泻药，把肚子泻干净，一天不能吃饭，还得全身麻醉，再将管子插到嘴里，被插入的感觉是很痛苦的。但某家创业公司做了个带着摄像头的小胶囊，吃下去以后，在消化道里走一圈，就把所有的图片都照出来了。"

颠覆式创新并不是说你要在原来的基础上将复杂的事情变得更复杂，而是要针对客户的痛点不断进行体验升级，变得更简单、更舒适。

以苹果和诺基亚的商战为例。诺基亚为了完胜苹果公司，在营销、产品等各个环节做足了功夫，制定了很宏大的规划。他们甚至不惜投入60亿美元买下一家地图公司和一些互联网公司来构建他们的营销大格局。在这个过程中，他们始终是站在公司的角度，而从未站在客户的角度来思考战略。

结果呢？苹果手机并没有采取什么特别的营销战略，最终却完胜诺基亚。其成功的秘密就在于，苹果公司始终以客户和产品为中心，不断发现客户需求，不断根据客户需求来做产品，并持续跟进客户的反馈来升级产品。

客户是不理性的，他会因为体验感好而选择某个产品，而不会单单为了某个产品的高科技埋单。

4.2
卖故事：故事讲对了，产品就能卖出去 99%

假如有 A、B 两个捐款箱摆在你面前，它们各自的宣传信息如下：

A. 某国家受灾统计人数统计数据

B. 讲述一个七岁小男孩跟随维和部队，只为喝口水的心酸感人的故事

你看完后，更倾向于向哪个捐款箱捐款？

大部分的人都会选择 B，为什么？因为比起枯燥的数据，人们更容易被生动具体的故事所打动。著名的大脑研究学者尼尔·帕特尔发现，人类以说故事进行沟通的行为已经有 40,800 多年的历史；在人们的日常生活中，故事以及小道消息其实占了日常对话的 65%。通过对大脑进行研究，他指出，人类的大脑对采用说故事进行沟通的方式其实存在着固定的反应区域。可以说，故事是最有效的能够提高人们参与度与说服他人的方式。

美国著名未来学家、趋势专家丹尼尔·平克说："我们已经进入了一个全新的时代——一个建立在创造性思维主导一切、掌控全局的基础上，以创意、共情、模式识别、娱乐感和意义追寻能力为主导的概念时代（Conceptual Age）。"

在当今这样一个时代，客户接受产品信息的方式也发生了一

定的变化,他们更喜欢采用创新型和多样化的故事叙述方式来介绍产品、品牌和服务。"卖故事"可以说是成本最低、价值最高的营销方式,其实质就是故事营销,是把自己或者他人的故事,以喜闻乐见的形式表达出来,抓住客户的消费心理,激发客户的购买兴趣。

总体来说,故事营销有四种特质,如图4-3所示。

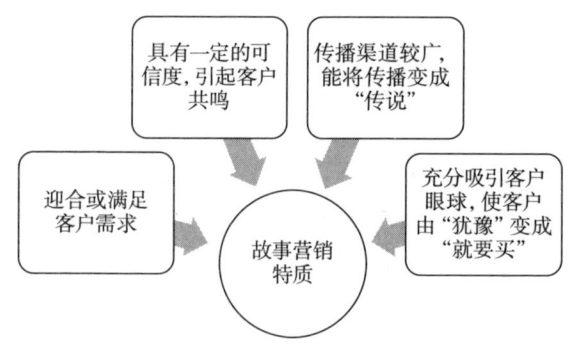

图4-3 故事营销特质

1. 迎合或满足客户需求

客户的需求是多样化的,销售人员必须在充分了解客户需求的基础上,运用适合客户需求的故事进行营销活动,客户的态度才会由戒备转为认同,由抵触转为合作。

2. 具备一定的可信度,引起客户共鸣

一个简单的、能够引起客户共鸣的故事是最有说服力的。故事营销的可信度高,能让客户短时间内对产品的"内涵"产生共鸣,念念不忘。

3. 传播渠道较广,能将传播变成"传说"

在互联网时代,故事营销的最高境界就是"让传播变成传说"。销售人员可以充分利用公众号、朋友圈、博客、QQ 等互联网工具进行故事营销,其传播渠道之广,传播范围之大,很容易让订单自己找上门。

4. 充分吸引客户眼球,使客户由"犹豫"变成"就要买"

故事营销的功能就是要吸引客户眼球,凸显产品核心品质。比如"张瑞敏为何要怒砸冰箱?"的故事在吸引客户的同时,实际上也将产品的品质呈现了出来。销售人员利用故事营销,可以轻而易举地传播出需要让客户看到的产品核心品质,使客户的心态由"犹豫不决"变成"就要买下来"。

可以说,故事讲对了,产品就能卖出去99%。那么,该如何去讲述产品背后的故事?如何用故事来"打磨"产品卖点,凸显产品的价值呢?

4.2.1 故事与品牌形象的交叉契合

在产品的背后,成功的故事营销能引起市场轰动。李宗盛讲了一个《致匠心》的故事,使 New Balance 卖点定格在品牌格调;18 岁公主克里斯蒂娜邂逅 52 岁数学家笛卡尔的故事,阐释出百岁山品牌"水中贵族"的极简主义卖点;海尔的张瑞敏"怒砸冰箱"使品质成了海尔品牌的最大卖点。

在概念时代,客户选择产品的品类更为丰富,选择产品的路径也更加多样化。此时,一个好的故事往往能第一时间将品牌的形象具体化,使品牌形象带给客户积极的心理暗示,占据其心智,从而引起其消费行为。而客户对于品牌形象的认可,又在一定程度上使品牌在客户心智中的地位越发重要。品牌故事和品牌形象,始终是一个双向塑造的关系,如图 4-4 所示。

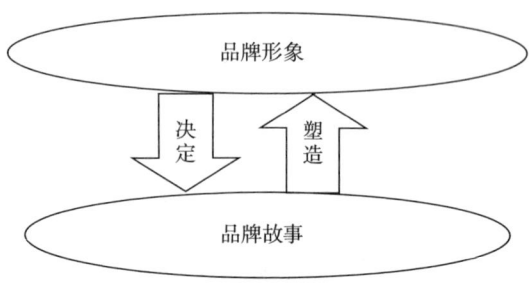

图 4-4　品牌故事和形象的关系

可以说，在两者的关系中，品牌形象起决定性的作用，由它来决定采用何种品牌故事，而品牌故事的核心叙述也必须要以企业发展战略、企业文化为基准，要符合品牌形象的定位。

我们以 New Balance 英美产品系列的广告为例。New Balance 为了向消费者传达产品中的工匠之心，邀请李宗盛一同拍摄了《致匠心》的广告。李宗盛简单、直白而又不失哲学意味的旁白："人生很多事急不得，你得等它自己熟。我二十岁入行……所有精工制作的物件，最珍贵不能代替的就是一个字——人。人有情怀、有信念、有态度。所以，没有理所当然，就是要在各种变数、可能之中，仍然做到最好。"李宗盛以平和舒缓的音调，娓娓道来关于"匠心""品质"的哲学。

随着李宗盛的旁白，画面呈现了两个不同人物各自的匠心：New Balance 工匠制作 NB990，李宗盛制作一把木吉他。故事的结尾，一脸平和的李宗盛弹起了吉他，"专注做点东西，至少，对得起光阴岁月。其他的，就留给时间去说吧。"

这个故事营销的广告既唤起了客户心中对工匠精神的致敬，也极大地阐释了 New Balance 品牌的内涵——独具匠心的品质。一个简单的《致匠心》故事广告，就轻而易举地确定了 New Balance 在客户心智中的定位，可谓高明。

4.2.2 故事与客户群体的共鸣

如果说营销故事与品牌形象的交叉契合是故事化营销的核心思路，那么，故事与客户群体相关性的共鸣则是故事营销成功的基本保证。品牌故事讲述时，必须锁定目标客户群体，找到与客户的相关性和共鸣点。

香奈儿品牌的 Chanel Style 在做故事营销时，在官网上以视频形式播放香奈儿的创业故事，主要中心放在创始人的个性与大事记这两方面。在具体叙述中，强调香奈儿不仅仅是时尚界最举足轻重的品牌，更成为社交场上名媛们优雅时髦品位的象征。香奈儿女士一生的崛起、名利、成就、遭遇既是品牌的故事，也是她自己的故事，更是独立女性心理深层精神面貌的投射。

伽蓝品牌在这方面的思路也是非常值得推崇的。它旗下的品牌营销故事都紧扣"东方女性""中国女性"的概念。这使得伽蓝在海外化妆品品牌的强势冲击下始终能保有一席之地。比如，美素化妆品的营销故事以"科技与艺术完美结合，专为东方女性之美"来引起客户共鸣；植物智慧化妆品的营销故事与目标客户群的对接点则为"结合中国女性肌肤特质，将充满生机的植物智慧融入产品"。

在故事营销中，关注目标客户群体，更多地寻找品牌、产品与客户的相关性，使客户产生对品牌的认同，才能达到事半功倍的营销效果。

4.3 卖创意：将产品"灵感小火花"转化为超级大单的秘密

《每日新闻》是日本的一家传统纸媒，在网络媒体发达的当下，这家媒体经营状况一般。为了提升自身的影响力，《每日新闻》将媒体内容印刷在了一批矿泉水瓶子上，在超市销售。这批矿泉水价格是其他品牌矿泉水的一半左右，加上个性创意的包装内容，吸引大量客户争相购买。《每日新闻》顺势在瓶身上放上自己的二维码，很多客户看了包装上的内容后，产生了兴趣，直接用手机扫描阅读。《每日新闻》因此赢得了大批的客户。

纸媒借助矿泉水做广告来跨界营销，这就是典型的成功创意营销的案例。所谓创意营销，即市场销售人员通过思考、总结、执行一套完整的借力发挥的创意营销方案，从而带来销售额急剧上升。创意营销具有以下特点：

（1）投入少，效果快；

（2）多借助传统媒体、网络媒体进行口碑宣传；

（3）客户免费自动进入创意者设定规则协助宣传；

（4）用创意吸引客户了解公司，增加公司知名度；

（5）创意理念贯穿于产品研发、生产、推介、销售等各个环节。

创意营销需要以产品为切入点，以客户需求、问题为导向，

第 4 章 逻辑：提炼卖点的技巧

最终落脚点是市场。销售人员需要整合企业自身的优势资源来对产品的内容和形式采取创意策略，使产品在内容和形式上相比市场上的同类产品，具有独家、独创、独到等创意元素和价值元素，增加产品的吸引力，如图 4-5 所示。

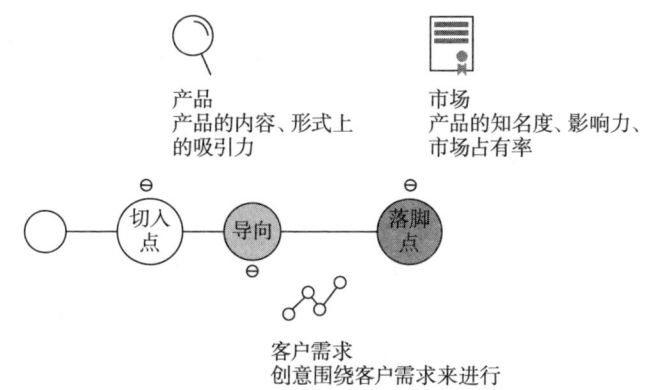

图 4-5 创意营销的切入点、导向、落脚点

创意营销在销售渠道、销售手段、销售策略等方面也需要进行最大化的创新，以最大限度地扩大产品的知名度、影响力与市场占有率。举例来说，一些企业会利用举办公益活动、互动社群活动等机会，在活动中加入使客户眼前一亮的创意营销方式，从而充分调动起客户的参与感，这就是销售渠道与销售策略方面的创新。

4.3.1 创意也要顺势而为

小米总裁雷军在接受公众采访时，曾多次强调小米的成功秘诀就是"顺势而为"。所谓顺势而为，早在《孙子兵法》中就提到过，即"如转圆石于千仞之山者，势也"。意思是说，在山顶上有一块圆石头，我顺势而为，跑去踢上一脚，剩下的事情不用做太多，它自己就滚下来了。

创意营销在具体运用时，如果能够"顺势而为"，就能收到良好效果；相反，如果创意十足，但却与时代、市场发展趋势、营销趋势大相径庭或格格不入，就很难达到预期的效果。

目前来说，新传媒时代，营销领域呈现三大趋势：移动化、数据化和程序化。这种趋势使得营销推广的舞台更加广阔，销售可以直接接触目标客户，传递个性化信息，测量反应效果。传统的营销传播手段已经让位于互联网式营销。如今很多产品营销推出的"跨界营销"模式，可谓是顺势而为的典型。

跨界，引用美国IDEO公司总经理汤姆·凯利的话来说："跨界能产生神奇的效力，拥有这一本领的人，就拥有不可思议的魔力。"跨界具有极强的整合思维，将与产品有关的各种经历、事件、想法、概念等串联起来，即便看起来风马牛不相及，创意者也能巧妙地将它们联系在一起，从而创造出使人耳目一新的东西。跨界营销打破传统营销模式，寻求非业内合作伙伴，发挥不同类别品牌的协同效应，让原本毫不相干的元素，相互渗透、相互融合，从而给品牌树立出一种立体感和纵深感。举例来说：

国产大制作职场剧《猎场》，集高颜值、好题材、硬剧本等大卖点于一身，未播先火是"情理之中"。当红实力派明星胡歌曾多次表示："《猎场》的剧本是我看过最好的。"《猎场》没有套路，没有噱头，好的故事会带来大量的粉丝以及口碑。

著名的网贷品牌拍拍贷在营销方面，就选择了与《猎场》进行跨界内容合作的营销模式。拍拍贷的网贷平台客户基数为5000多万，它一直专注于小额借贷服务，在行业里，它以产品过硬、信得过著称，它不玩套路，带给客户实实在在的便捷服务。

这么看来，这两者之间确实存在有不少契合点。拍拍贷选择在《猎场》中插入创意广告,将自身产品"高效、透明"等特点与《猎场》剧集结合得相当完美。比如拍拍贷邀请《猎场》女一号出演,以"借钱难"为主题演出一幕幕借钱"宫心计",将传统借钱的尴尬表现得淋漓尽致,从而凸显拍拍贷的卖点。拍拍贷以创意之名,给客户带来耳目一新的跨界体验。无疑,这是一次成功的跨界创意营销。

4.3.2 独家、独创、独特

在这个广告层出不穷,客户被四面八方的信息包围轰炸的时代,客户因其心智接受能力有限,已经在无意识中自动屏蔽了一些无趣味、无创意、无内涵、无特点的营销手段。最终,能够占据客户心智的,还是有创意的营销。能真正助力营销的创意策略需要具备三个特点,即独家、独创、独特。

晶石灵的"最美世界杯"营销策略可谓是创意营销的典范。2014年7月8日,全球绝大多数人都在关注世界杯,世界杯已经进入捉对厮杀的火热时刻。此时,晶石灵策划了一场活动,一群欧洲名模在巴黎集体发起"最美世界杯"的行为艺术,高呼"我们才是最美的",呼吁沉迷于世界杯的男人们从世界杯中抬起头来,关注身边伴侣。这个高大上的行动,很快就席卷巴黎时装周,华人巨星刘嘉玲等也接连助阵。全世界的媒体都在关注,短短三天,这则新闻就成为仅次于世界杯的热门话题。

后来,这次活动又惊现北京、上海、广州等城市,美女们集体现身街头,响应"最美世界杯"的行为艺术,进而使"最美世界杯"这个活动吸引了无数人的眼球。自此,公众从对世界杯的关注,一下子转变到对晶石灵品牌盛会的关注。

在"世界杯"赛事期间,多数品牌采取的营销策略都是投巨资、拼球星、拼赞助,而晶石灵则另辟蹊径,以"世界杯"为契机,用"时装周+名模+巨星+天价珠宝+世界杯+爱+争议"的方式,开辟了一个属于女人的"最美世界杯"。晶石灵的这种创意营销可谓做到了独家、独创、独特。

4.4
卖痛点：挖掘产品小数据，满足客户大需求

无痛点，不营销，客户只会为自己的痛点需求埋单。如果产品没办法找到客户的痛点所在，或者说，产品的卖点不是客户的痛点，就很难打动客户去购买，产品自然很难打开市场。

那么，什么是客户的痛点呢？当客户在进行产品体验或产品服务的过程中，原本的需求没有得到满足，就会造成一定的心理落差与不满，这种负面情绪会使客户感觉到痛苦。这就是典型的客户痛点。简单概括来说，痛点就是客户未被满足的刚性需求。

销售人员利用客户的痛点进行营销时，需要注意，必须为客户营造出一种鱼和熊掌不可兼得的感觉来，让客户感觉不购买你的产品和服务就会有种"痛"。同时还要注意，要向客户展示产品或服务的每一面，使客户对产品或服务的体验超期，愿意同周围人分享产品与服务。如此一来，才能激发客户的购买欲，形成良好的口碑效应，达到营销的最终目的。

那么，如何找到客户的痛点所在呢？第一，销售人员不但要对自己的产品和服务有充分的了解，而且对市场上的同类产品或服务也要有充分的了解。第二，销售人员要对客户的消费心理有充分的解读。这一点也是关键所在。

销售人员想要了解自己的产品或服务以及市场同类产品的情

况，可通过市场细分来对客户痛点进行差异化定位。而销售人员对客户的了解，相对来说，则是非常重要的，只有清楚地把握了客户真正未被满足的需求，关注细节，深挖痛点，才能找对痛点，并针对痛点设计营销流程。

4.4.1 从大数据到小数据

在移动互联网时代，绝大多数的商品营销逻辑，早已完成了从"我要如何完善包装自己"到"客户需要什么就提供什么"的转变。多数企业利用大数据对行业市场进行细分，并利用大数据在充分了解客户信息的基础上，精确找到目标顾客的需求，针对客户喜好，进行精准营销。

但实际上，建立在大数据基础上的精准营销并不总是会对客户的需求有更深的见地。数据分析从根本上来说，能够做到精确，但是却缺乏情感互动。因此，客户的痛点需求是很难被大数据真实挖掘到的。而如果销售人员能够利用对小范围群体的特定观察，从小数据入手，反而会对客户痛点的把握更为精准。

所谓小数据，即个体资料，是指需要新的应用方式才能体现出具有高价值的、个体的、高效率的、个性化的信息资产。简单来说，客户的小数据就是搜集个体客户的一举一动，通过一些细节数据整合和分析，来为客户"画像"。

关于如何使用小数据进行调查，美国品牌专家马丁·林斯特龙总结出一种"7c框架法"，如图4-6所示。

(1) 搜集：采访品牌的过去、现在或者潜在的客户们。

(2) 线索：从客户的一些细节中，找到独特的情感反应。

(3) 连接：客户的情绪行为会产生什么样的后果？

第4章 逻辑：提炼卖点的技巧

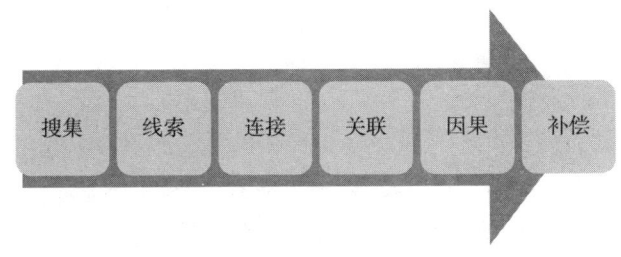

图4-6 7c框架法

（4）关联：客户是什么时候第一次出现情绪反应？

（5）因果：客户的情绪反应能激发出什么样的情感？

（6）补偿：客户有什么隐藏的或未被满足的欲望？

（7）观念：针对你发现的客户的欲望，能在产品层面给予什么样的补偿？

乐高的再次崛起就得益于使用小数据挖掘到客户真正的需求痛点。在2003年和2004年两年间，乐高的销售额狂降40%，面临破产。乐高根据市场大数据的分析，放弃了其一直以来的核心产品"乐高儿童积木"，将主题公园、儿童服饰、视频游戏、成人积木等作为其新的产品阵地。

当乐高决定进入欧洲市场时，乐高的高管人员与一位11岁的德国男孩会面，问他："你最得意的事情是什么？"男孩告诉乐高的高管们，他最得意的事情就是他的一双已经磨损的阿迪达斯旧鞋，他靠这双鞋证明了自己是这个城市最棒的滑板运动员。

正是这次对话，乐高的高管层意识到：比起游戏本身，孩子们更愿意花时间和经历去练就一种高超的技能。于是，乐高重新回归核心产品，在产品设计上投入更多。这使得乐高在2014年成为全球最大的玩具生产商。

4.4.2 客户的痛点定位图

德国战略家克劳塞维茨说过：客户的"痛点"，就是指让目标客户付出某种行动的最大阻碍。客户的痛点并不是一成不变的，事实上，随着市场发展以及客户的消费升级，客户在使用同类产品时，痛点也会发生变化，并且客户在不同阶段对产品需求的痛点也是不同的。客户的痛点可以分为横向痛点与纵向痛点，如图4-7所示。

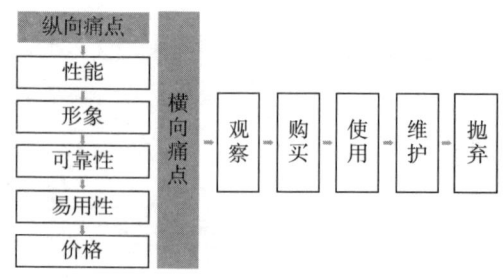

图4-7 客户痛点示意图

1. 痛点纵向寻找法

在客户购买或使用产品的同一阶段，我们从纵向角度来寻找阻碍客户购买的第一因素。找到这个痛点后，再针对这个痛点来设计产品的整个营销流程。

我们以华为Mate 9为例。在此之前，全球智能手机普遍存在性能差、耗电量大、拍照效果不理想等诸多不足。华为Mate 9以客户的这些痛点为产品研发的出发点，在软件和硬件两个方面进行深度创新。Mate 9的麒麟960芯片为华为自主研发，Mate 9同时和保时捷合作，采用双曲面设计，搭配徕卡双镜头，这使得Mate 9成为全球第一部久用不卡的安卓手机，并且Mate 9在性能、电池续航、拍照等多个领域获得了革命性的体验提升。Mate 9 作为国产智能高端机，虽然每部售价 8999 元，但一年内销量就突破了 1000 万台。

所以说，纵向找痛点，需要对影响客户消费环节进展的因素进行综合考量，找到最容易形成消费阻力或影响客户体验的三个以内的因素，这些就是客户的痛点所在。在这些地方进行改良，就能迅速捕获客户的心。

2. 痛点横向寻找法

在客户的观察、购买、使用、维护、抛弃整个产品的使用生命阶段中，如果同行业普遍关注的是"使用体验"，那么你可以另辟蹊径，从其他环节发现痛点。比如，在大众推出甲壳虫之前，欧洲几乎所有的汽车公司都在关注客户的使用这个环节，聚焦于为客户创造出越来越好，看上去越来越有面子的汽车。当时的甲壳虫发现，客户的这个环节已经发生改变，已经不再是客户购买的最大障碍。因此，甲壳虫采取了新的策略，降低了在使用阶段的形象与效用方面的投入，转而优化所有阶段的容易程度，提高使用阶段的适用性。这样一来，虽然甲壳虫的外观并不能让开车人看上去更有面子，但是却因为它优化了其他环节，更容易买到、更容易驾驶、维修便利、容易转售等优势，使得销量大增。

4.5 卖品牌：用品牌占据客户心智

一提起网络聊天，人们第一时间想到的就是使用 QQ 或微信；当人们想在网络上搜索信息时，不假思索地会使用百度或谷歌；当人们为了避免上火选择饮料时，必然会选择王老吉或加多宝。

事实上，聊天工具并非只有 QQ 与微信；搜索引擎除了百度、谷歌，其他引擎也不少；而不上火的饮料则更多了，一些蔬果汁类饮品也有同样的效果。但为什么在上述情景里，人们头脑中无意识地浮现出来的是它们？

这是因为这些品牌已经占据了客户的心智，在客户下意识里，这些品牌已成为品类的代名词。诸如：

QQ、微信 = 聊天；

海飞丝 = 去屑；

王老吉、加多宝 = 不上火

那么，这些品牌是靠什么方法抢占客户注意力，占据客户心智的呢？

美国著名的认知心理学先驱乔治·米勒认为，人们在认知信息的过程中，通常会简单地将信息分类，然后加以命名，最后存储的是这个命名而非信息本身。客户的品牌认知也是这样的心理认知流程。被消费归类为一类的品牌，就被客户理所当然地认为它等同于品类,也就是说它就是品类的代表。

品牌竞争的实质,归根结底还是品类之争。谁占据了客户心智中品类的地位,谁就是客户心智中的第一品牌。

从另一个层面来说,只有聚焦而深入的品牌模式才更容易占据并主导客户的心智,而宽泛分散、覆盖面广的品牌战略则由于其过于分散,很难在各方面都发挥优势,反而容易失去竞争地位。

4.5.1 找对"品牌=品类"的定位

如今,客户处于产品品类过度传播的时代。任何人在找一件产品时,可供选择的同类产品都有几十种甚至上百种,甚至连汽车这种高价产品,人们的选择也可以是多种多样的,诸如奔驰、宝马、福特、现代、本田、丰田等。

美国著名的认知心理学先驱乔治·米勒认为,普通人的心智不能同时处理 7 个以上的单位。因此,面对复杂的产品品类,对于同一种产品来说,最终能进入客户心智的最多只有 7 种。定位理论创始人之一、营销战略大师杰克·特劳特更是给出了"二元法则"的理念,他认为"在每个品类中,最终只会剩下两个品牌主导整个品类。比如可口可乐和百事可乐、麦当劳和肯德基、上帝和魔鬼"。

简单来说,哪种产品最先占据客户心智的有利位置,它就是最终的胜利者。按照杰克·特劳特"定位"理论来说,占据客户心智的方法有三种,如图 4-8 所示。

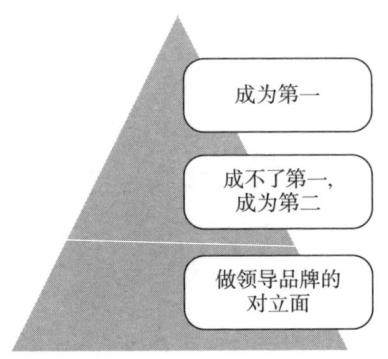

图4-8 占据消费者心智的三种方法

1. 成为第一

人们普遍都知道世界上第一高峰是珠穆朗玛峰,第一位登上月球的人是阿姆斯特朗。可是,大部分的人都不知道世界上第二高峰是哪座?第二个登上月球的是谁?也就是说,"第一"一旦潜入人们的心智,"第二""第三"就会黯然无光。可见,品牌成为品类的创新者,抢占客户的第一印象,有助于帮助品牌成为该品类的代表。

新品类的来源主要有四种:技术创新、聚焦市场、借助新概念、寻找进入市场但没有进入心智的新品类。以聚焦市场为例,格力并不是第一家制造空调的企业,但却因为其长期以来的专注制造空调而逐渐成为空调行业的领导品牌之一。

2. 成不了第一,成为第二

第一品牌占据着很大部分的市场份额,从历史数据来看,第一品牌是第二品牌的2倍,第二品牌是第三品牌的4倍左右,而第三品牌则是第四品牌的8倍。因此,企业在为自己的品牌定位时,如果不是第一,也可以定位为第二,做第一品牌的追随者。

比如，在20世纪60年代，美国的安飞士出租车公司有这样的一则文案："我们是第二，所以我们更努力。"在此之前，安飞士一直处于亏损状态，而在此之后，安飞士突然就开始盈利，并且真的成为美国第二出租车公司。

3. 做领导品牌的对立面

对立面战略可以让品牌与既有的领导者产生关联效应，借力建立新的品牌认知。宝马就是采用了站在奔驰对立面的品牌竞争战略——奔驰注重乘坐的体验感，而宝马则反其道而行之，偏重于开车的体验感，从而成为全球豪华车的知名品牌。

4.5.2 聚焦核心产品的策略

可口可乐前董事长伍德鲁夫说过一段广为流传的话："假如我的工厂被大火毁灭，假如遭遇世界金融风暴，但只要有可口可乐的品牌，第二天我又将重新站起。"伍德鲁夫的自信与底气来自于可口可乐的碳酸饮料品牌定位。这种定位，就连可口可乐自身都难以撼动。因为在人们心里，可口可乐就是可乐，而不是其他任何饮料。因此，当可口可乐推出苏打水饮料 Mr. Pibb 时，就已经有了失败的必然性。还有一些公司盲目做品牌延伸之后，也遭遇过销量下滑的局面。长虹集团曾聚焦彩电这一品类，当时，利润达到24亿元，但是当长虹集团采取品牌延伸策略，将空调、电池、手机等都纳入品牌之下后，长虹的业绩逐渐开始下滑，2005年一年时间亏损达26亿元。

与之相反，中国汽车品牌长城，曾涉足多种汽车品类：商用车、SUV、小型面包车等，应有尽有。2009年，里斯（中国）公司为长城提供咨询服务时，给出的建议是在众多的品牌中聚焦哈弗经济型 SUV 的车型。当时长城有很多的生产线，要砍掉其他的产品比较难，但是必须要聚焦于单一的产品——15 万元以下的经济型 SUV。事实证明，长城的聚焦经营策略是非常正确的，在聚焦战略 4 年后，长城销售增长了 5.1 倍，盈利增长了 8.6 倍，股价上升了 12.3 倍。

如果是公司的重磅产品，切记避免品牌的盲目延伸。强大品牌的建立，必须是聚焦经营，最好是聚焦核心单品。精确一个品牌定位，占据一个字眼，聚焦单品，从而更容易形成独特的优势，提升品牌认知，扩大品类需求，最终主导品类，成就品牌的领导地位。

第4章 逻辑：提炼卖点的技巧

4.6
卖价格：便宜，便宜，还是便宜

定价是营销环节中的重中之重。有的商家认为，价格定低点儿，就能够薄利多销；有的商家认为，价格定高点儿，利润才高；还有的商家在产品卖不出去时，干脆促销降价。可是客户真的会买账吗？未必！多数情况下，品牌频繁降价，会使品牌在客户心中的形象大打折扣，结果反而成为品牌营销的障碍。

价格营销策略制定是否合理，会直接关系到产品的销售及利润目标的实现，影响产品品牌未来的发展。那么，什么样的定价才是最合理的，才能在使客户满意的同时，企业还能赚得盆满钵满？

其实，对于客户来说，他们购买产品，并不是为了买便宜，而是想"占便宜"。简单来说，定价的本质应是"让客户感觉占便宜"。客户感觉"占便宜"依赖于两个条件，一是客户认可产品的价值，二是客户看得到产品促销、折扣以及施行其他营销策略时有真正看得见的利益。这就需要在营销定价环节，找到产品利润与客户利益的最佳契合点。

在施行具体定价战略时，需要注意三点：

1. 战略定价的目的要以长期盈利最大化的利润率与市场份额的结合为目标，通过盈利性的定价实现更多的价值，而不一定是追求更大的销量。

2. 充分平衡价格和销量的关系，以实现利润最大化。一般来说，这种平衡有两种形式：一种是通过降低价格获得更多的市场份额来推动销量；另一种是提高价格但面临销量下滑的风险。所以定价者必须经常性衡量利润率与市场份额之间的平衡。

3. 正确的定价应基于客户对产品特征及服务的需求价值来进行价格评估，同时，也要兼顾市场份额目标、其他竞品的价格等因素。

4.6.1　心理错觉让客户"占尽便宜"

美国著名心理学家威廉·詹姆斯说："我们对世界的感知，部分依赖于对客观事物的感觉，另一部分，可能是更重要的一部分，则来自于我们的思维。"但是人的思维并不总是正确的。有时候，人们的知觉思维并不能正确反映外界事物的特性，还会出现种种歪曲现象，这样的知觉便是错觉。

目前，心理学界对错觉的产生，主要有这样三种解释：刺激取向误差；知觉系统的神经生理方面的原因；认知引起错觉。

客户对价格的认知也并不总是理性的、正确的。很多情况下，思维也会产生一定的错觉。因此，在具体价格营销中，可利用客户的心理错觉，制造"便宜"假象，使客户觉得"占了大便宜"，这样可充分调动客户的购买积极性。

最为常见的是打折营销营造的"货币错觉"。但是，打折策略也需要一定的技巧，单纯的打折很容易给客户造成一种"降价没好货"的心理，品牌的档次也会因为屡次打折而降低，而有技巧的打折则会使客户真的感到买到了就是赚到。

第4章 逻辑：提炼卖点的技巧

日本银座有家西装店，靠着打1折的策略，轰动了整个京东。可能大家会有这样的疑惑：见过打8折、打5折的，但打1折，商家如何赚钱？

商家是这样说明的：第一天打9折，第二天打8折，第三天第四天打7折，第五天第六天打6折，第七天第八天打5折，第九天第十天打4折，第十一天第十二天打3折，第十三天第十四天打2折，最后两天打1折。看上去，应该在最后两天去购物，这样就赚大发了，当然，看上去商家的确像是在赔钱赚吆喝。

实际情况是这样的：第一天、第二天、第三天，店里来了很多顾客，看一会儿就走了。但是产品的好品质，却是他们实实在在感受到的。这样一来，第五天打6折的时候，顾客们都来疯狂抢购。事实上，暴增的顾客数量，使得顾客们担心好品质的东西被抢购，便有了紧迫感，所以根本没等到打1折，在打6折的时候，商品就被抢购一空了。

4.6.2 合理价格歧视的使用

所谓价格歧视，一般指商品或服务的提供者，在接受者之间提供相同商品或服务时，根据接受者的接受程度，实行不同的销售价格，或制定不同的销售标准。

价值其实作为一种垄断价格，是垄断者获取利润的手段，因此，一些国家法律对此进行限制。但是限制价格其实并非取消一切价格歧视。《中华人民共和国价格法》第十四条第五项规定，经营者提供相同商品或者服务，不得对具有同等条件的其他经营者实行价格歧视。经营者没有正当理由就同一种商品或者服务，对条件相同的若干买主实行不同的交易待遇，例如对具有同等条件的甲、乙企业，对甲可以实行批量作价，对乙则不允许享受批量作价；对甲可以讨价还价，对乙则不允许；因甲是本地企业，乙是外地企业就实行不同价格待遇等，从而构成价格歧视行为。

价格歧视要行得通，垄断的卖方必须能对买者的不同特征进行有效区分和分割。比如，有规定时间限制的优惠券、低折扣等，价格歧视就是可行的。

以麦当劳和肯德基为例，它们从不打折，一方面是折扣直接减少了利润，另一方面是客户会怀疑食物的品质，降低其品牌的信誉。它们经常用到的营销定价策略就是"优惠券"，这种策略使利润最大化。

举例来说，一个汉堡的全部成本是 5 元，现在有 A、B、C 三位客户，他们都希望买这个汉堡，但他们的心理价位是不同的，分别为 12 元、10 元和 8 元。

在这种情况下，我们来看这样两种定价方式：

第一种，统一定价为 5 元，三个人都会购买，销量最大化，但利润为零。

第二种，统一定价为 12 元，只有一个人会买，利润为 12 - 5 = 7 元。

可以看出，单纯追求利润最大化与单纯追求销量最大化都是不合理的，无法使公司利润最大化。要实现公司利润最大化，定价为 10 元，三个人都买，此时总利润为 15 元。

此时，需要注意，并不是每个客户都愿意付出一个平均值来购买的。但优惠券就可以解决这个问题，优惠券直接将客户区分为两类：一类是从不用优惠券的人；另一类是需要用优惠券的人。简单来说，对于一个汉堡，第一类人的心理预期就是 10 元或高于 10 元，而第二类人的心理预期是 8 元。优惠券直接把客户

第4章 逻辑：提炼卖点的技巧

的心理期望值进行了区分。第二类人只要用优惠券在规定日期内购买，实际花费8元就能买到10元的汉堡。

可以看出，使用优惠券这种简单的价格策略，就可以直接刺激客户进行购买，利用客户"不占便宜白不占"的心理，实现利润最大化。

4.7

卖身份：消费升级 VS 贵族品位

一个最普通的爱马仕包要十几万元以上，但是当客户决定要买下一款爱马仕包走进专柜时，她必须先花十几万元买一些爱马仕的小玩意，比如丝巾、皮带等，然后才有资格去预订一款爱马仕包。一枚普通的银制曲别针，售价 1500 元。许多人趋之若鹜，因为这是著名设计师普拉达设计的……

这种典型的产品身份属性的卖点，一方面受益于客户消费结构的不断升级，另一方面，则取决于客户对于贵族品位的追求。

所谓消费升级，即消费结构的升级，是各类消费支出在消费总支出中的结构升级和层次提高，它直接反映了客户的消费水平以及社会消费发展趋势。以我国为例，如今客户普遍处于第三次消费升级阶段，在此阶段，医疗保健、交通、教育、娱乐、文化、通信、住宅、旅游等方面的消费呈几何级增长。

所谓客户对贵族品位的追求，是指在很多情况下，客户购买产品不仅仅是为了产品的功能，而是为了获取产品所代表的象征价值，以拥有的物品来界定自己的身份符号，达成一种社会身份认同。早在 1950 年，美国哈佛大学教授、经济学家哈维·莱本斯坦就提出了一个理论，他指出客户的需求不仅仅依赖于产品的功能，还要仰仗某些特定的社会因素，诸如对入时的渴望，对从人群中脱颖而出的渴望,以及对"炫耀性消费"的渴望。

一些学者认为,某些产品对拥有者而言具有特别丰富的含义,这些产品能够向别人传递关于自我的很重要的信息。心理学家贝尔克在研究自我发展的过程中,就提出了延伸的自我的概念。他认为延伸的自我由自我和拥有物两部分构成,人们倾向于用拥有物来界定自我。某些拥有物不仅仅是为了彰显自我概念,而且还成为构成自我概念的有机组成部分。房子、汽车、高档品牌等都是典型的延伸自我的方式。

客户在选择商品时,会选择那些与他的自我形象一致,或者说能在一定程度上提升他的自我形象的商品。当产品的属性与自我的某些方面相符合时,就会被客户选择。从这个角度来说,营销的目的就是不断优化、升级品牌形象,并以品牌形象提升客户的自我概念。

4.7.1 消费升级下的身份认同

网络上有一段这样的调侃:以前出门吃顿饭,只吃10元钱一大碗的面,现在同样是吃面,低于30元懒得吃;以前坐公交出行,现在无专车不出门;以前买双运动鞋200元就觉得很好了,现在买鞋子,低于1000元都不在考虑范围内;以前买车,一辆奥拓就够了,现在买车,低于宝马、奥迪级别的根本都不看。

这其实就是典型的消费升级。我们在生活中也能感受到消费升级对于产品营销的冲击。从宏观环境来说,随着社会经济的发展,人均可支配收入增长很快,与此同时,消费能力也越来越强,消费档次也自然而然提升,所以说,消费升级是一种必然。举例来说,在选择汽车时,越来越多的人开始选择价格高的宝马、奔驰、路虎等，而桑塔纳、夏利等品牌的销量则越来越少。在营销过程中，如果能恰当利用客户消费升级的特点来进行卖点营销，就能很快打开市场。

我们来看加拿大瑜伽和休闲服装品牌 Lululemon 针对消费升级的营销策略。Lululemon 于 2007 年在纳斯达克上市，股价已上涨至原来的 30 倍，市值达到 91.6 亿美元。而 20 年前，它只是一家开在瑜伽馆旁的小店铺。Lululemon 在创业之初，就敏锐地抓住了当时消费者消费升级的趋势，对公司的产品有了明确定位，即"运动＋休闲"。Lululemon 反复强调"我们是生活方式品牌，不是运动服饰公司"，并提出"运动精神＋友谊"的理念，将其贯彻在门店运营及市场营销活动中。在 lululemon 店内及购物袋上，随处可见它的标语，有些标语是来自美国作家安·兰德，强调个人主义精神，有些则比较大众化，比如"朋友比金钱更有价值"等。

Lululemon 公司在早期就创立了社区沟通模式，非常接近最近几年开始流行的社群的概念。Lululemon 公司通过开设"产品展示间"及举办瑜伽等健身体验活动，对它的社群进行明确定位——对瑜伽等健康的生活方式感兴趣、有一定消费能力、注重生活品质、愿意分享的人群。Lululemon 再通过这个社群去影响更多的潜在消费人群。

凭借着对消费者消费升级的正确定位，Lululemon 公司在短短 20 年的时间内，就从众多的运动品牌中脱颖而出，成为运动、休闲、时尚的代名词。

4.7.2 凡勃仑效应与品位追求

几十块钱的电子表与上万元的机械表同样都有看时间的功

能，为什么人们还是愿意去选择上万元的机械表？明明知道日本的马桶盖的利润有几十倍高，为什么人们还是愿意漂洋过海去疯狂抢购？

这就要说到"凡勃仑效应"了。1889年，美国经济学家凡勃仑研究了很多富裕阶层人群的生活，他发现了一种现象：消费者对某一种商品的需求程度，会随着后者标价的增高而提升。凡勃仑在其著作《有闲阶级论》中提出，富裕人群喜欢"用社会方程式"将自己与普通阶层分开，并竞相凸显自己的优越地位。凡勃仑说："为了获得或留住体面的地位，单是拥有财富或权力是不够的……富裕或权力必须实实在在地表现出来，因为只有实在的证据才能证明体面的身份。一个人的财富实证不仅能让别人认为此人很重要，并一直保持这种尊贵感，而且它在树立并维持自我满足感方面也有着极其重要的作用。"

凡勃仑效应无处不在。它其实反映的是人们进行挥霍性消费的心理愿望，也就是说，人们在购物时，往往会因虚荣、攀比等心理因素做出冲动的选择。在营销领域，如果能够恰当并正确使用"卖身份"这个大卖点，就能使品牌迅速脱颖而出。

市场上有一个玫瑰花品牌叫作Rose only，代言人为1999年出生的当红明星王俊凯。这个品牌的理念就是一生只爱一人。在2017年情人节当天，它的销售额就近亿元。Rose only的营销处处渗透着凡勃仑效应的心机，反映了人们追求品位的需求，具体来说，它体现了以下特点，如图4-9所示。

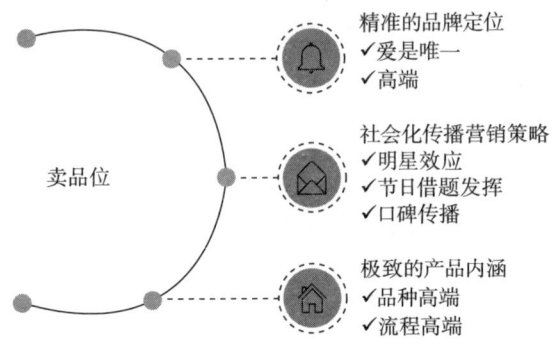

图 4-9　卖品位的三个方面

1. 精准的品牌定位

创立于 2013 年 1 月 4 日的 Rose only，主打理念为"爱是唯一""一生一世"。在 Rose only 买花，一辈子只能送一位佳人。如果换了女朋友，就无法通过 Rose only 购花。Rose only 还将自己的客户群定位于中产阶层及其以上的高端消费人群。

2. 社会化传播营销策略

Rose only 与明星合作，主打明星营销。Rose only 还利用每一个节日来借题发挥。李云迪、李小璐、杨幂、冯绍峰、昆凌等明星都轮番晒出 Rose only 的玫瑰；吴奇隆与刘诗诗婚礼现场都是用 Rose only 的花来布置；电影《美人鱼》中，霸道总裁向美人鱼求婚，用的也是 Rose only。这种明星和各阶层的高端人士带来了巨大的口碑效应，以至于每个女孩都以收到 Rose only 鲜花后能在朋友圈晒图为骄傲。

3. 极致的产品内涵

Rose only 的玫瑰品质是顶级的。它们产于厄瓜多尔玫瑰镇。这儿的玫瑰一般属于欧洲皇室、俄罗斯富商或者是好莱坞明星的

第4章 逻辑：提炼卖点的技巧

私人订制。Rose only 玫瑰花，花枝挺拔至 1.5 米，花香浓烈，花期更是长达 21 天。采摘员全程都要戴手套，用消毒剪采摘。这些玫瑰花在运输过程中，全程保持 2 摄氏度恒温，70% 的湿度。

　　Rose only 充分满足了客户的炫耀性心理，使客户获得了极大的满足感，因此，Rose only 品牌的走红可以说是必然的。

4.8 卖情怀：有温度，有态度，更有范儿

情怀，字典中对其释义为：拥有一种高尚的心境，以人的情感为基础，与所生发的情绪相对应。而所谓的情怀营销，即以企业领军人物为主题，以理想为标榜，以故事为背景，凸显产品的独特卖点，宣扬产品的特有情怀的营销方式。

《战狼2》一上映，因其点燃了观众的爱国情怀，票房短时间内达到56亿元，秒掉同档期所有国内外大片；褚橙，因其创始人褚时健的励志人生以及他对品质的匠心，使它供不应求；当汉堡王不再与麦当劳厮杀，公开"征友"——寻找 Burger Queen 之后，汉堡王积极的正能量俘获了亿万女性，顿时大火了一把。

美国著名管理学家彼得·德鲁克认为，消费者在购买产品时，除产品价值外，更多购买的是一种感觉，如圈子、尊严、尊重、地位等的象征性意义。情怀营销就是要在最大限度上满足客户的这种心理需求。

基于产品感性价值的情怀营销，能够迅速消除产品与客户之间的屏障，使客户和品牌之间形成强烈共鸣。情怀营销可以说是迅速攻占客户心智的捷径。不过，情怀营销在使用时有一定的条件，如图4-10所示。

第4章 逻辑：提炼卖点的技巧

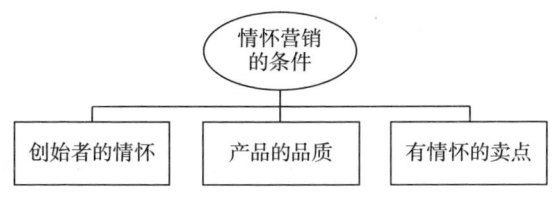

图 4-10 情怀营销的条件

1. 产品的创始者必须有情怀

如果创始者缺少情怀，就做不出有温度的产品。如果产品在设计之初就融入情怀，是有温度的产品，这样的产品用情怀营销是再好不过。

2. 产品必须有品质

缺乏品质的产品，即使情怀说得再多，也依然使人对产品缺乏信心。只有足够的品质才能撑起情怀。

3. 找到有情怀的核心卖点

同样，没有情怀的核心卖点，即使说得再多，也依然使人对产品缺乏兴趣。如果忽略这一点，那么情怀营销的效果就是零。

4.8.1 假情怀营销 VS 真情怀营销

情怀营销作为一种营销方式，很容易走入一种极端，那就是，部分销售人员或企业管理者只是将情怀作为一种营销的商业手段，而不是真正将情怀这个大卖点融入产品或品牌之中。这种缺乏情怀的情怀营销实质上就是假情怀营销，反而容易使客户对产品产生极为恶劣的印象。

罗永浩的锤子手机曾做过几次失败的情怀营销。在第一次锤子手机发布会上，英语老师罗永浩并没有对手机的性能进行技层面的解读,而是简单用一句"这些你都不用懂,你只需要知道这是全球最……"一带而过。他将情怀放在首位,他说"我不是为了输赢,就是认真""我们是给精英人群做的"。可以说,罗永浩本人确实是有情怀的,但"漂亮得不像实力派"的锤子手机却从最开始的 3000 元定价跌到了 899 元。

我们再来看另一个完全不同的案例。Lift Water 公司做了一个市场调查,他们发现很多买矿泉水的人都无法喝完一瓶水,造成一定的浪费。一个城市里人们每天扔掉的矿泉水总量相当于缺水地区 80 万儿童一天的饮用水。于是,Lift Water 公司做出了一个营销决策,用一瓶水的价钱售卖半瓶水,而将另一半矿泉水送往缺水地区。矿泉水瓶身上有缺水地区儿童的照片以及二维码信息。对于客户来说,出同样的价钱,虽然水量少了一半,但却做了公益,这就是一种情怀。

把以上所列举的这两个案例进行对比,就可以发现,有效的情怀营销需要把握这样一些要素:

1. 以客户为中心,做好市场调研

分析客户以及潜在客户的行为、需求,针对具体真实情况提出产品的情怀营销方案。

2. 产品的品质决定了情怀营销的一切

产品品质是品牌与客户之间建立情感的载体,是情怀营销中的重中之重。只有可靠的产品才能使情怀营销成为可能。

3. 引发集体情怀

从目标消费群本身引发集体情怀,销售人员需要深刻洞察客户的内心,才能更有效地说服客户,引起共鸣。

4. 口号再响，不如行动

产品品牌的情怀不是靠响亮的口号喊出来的，而是需要企业将这种情怀以匠心独运的形式融入产品之中，身体力行做真正有情怀的事，这样你的产品才能赢得更多的消费者。

4.8.2　有情怀的创始人+顶级品质+有情怀的卖点

褚时健的褚橙是情怀营销的典范。2012年，聚划算首页推出褚橙，上线当天，褚橙卖出8400单，75万元销量。褚橙其实卖的不仅仅是橙子，还有背后的情怀。

昔日烟草大王褚时健的人生跌宕起伏，他年逾八旬种橙子，开始东山再起，他的故事可谓励志传奇。人们吃褚橙时，自然就会想到其创始人褚时健，引发共鸣，感慨之余也充满了正能量。于是褚橙品牌轻而易举就进入了客户的心智。

当然，褚橙的品质也是独具匠心、无可挑剔。在哀牢山，褚时健的果园十年种一橙，21℃的自然恒温，引森林石缝水源，造就了褚橙特有的高品质。褚橙皮薄肉厚，酸甜可口，入口化渣，是国产橙子中的一股清流。褚橙的品质就是褚橙情怀的坚实后盾。

当年因为多雨使褚橙品质受到影响后，89岁的褚时健心急如焚，他认为"产品必须物有所值"。为此，他不惜损失数千万的收入，砍掉3.7万棵橙树，让1.5米株距增加到3米，除此之外，还采取了剪枝、调整氮肥比例等手段，保证充足的阳光以及确保空气流通顺畅。这些举措，使褚橙的分量从8个橙子一公斤做到了5个橙子一公斤，口感酸甜比例比之前更好。对于褚时健来说，品质就是他的命，褚时健的这份独具匠心的情怀更是一种难能可贵的品质。

　　有情怀的创始人＋顶级品质的产品＋有情怀的卖点，这才是情怀营销该走的路。

第 5 章

提问：
问对问题，讲对卖点

销售人员给客户讲错卖点的概率有多少？90%！销售人员误以为客户在意的卖点是环保、送货快、保真、性价比高、款式新等。其实客户真实的需求并不一定是这样的，更多的时候"客户要买的不是钻头，而是墙上的洞"。如果你不能真正搞明白客户的需求，就不能精准把握客户的异议、不满和期望，就很难找到卖点的突破口，让客户心甘情愿地掏钱包自然是天方夜谭。

5.1

提问时的手势与身体信号

试想这样一种情景：你在与两位客户交谈，一位客户对你的提问积极回应，全程微笑应对，参与感十足；而另一位客户则时不时看手表，全程都在低头玩智能手机。这说明什么？一般会认为，第一位客户是有需求的，而第二位客户显然没有需求。真相果真如此吗？

据统计，在听销售人员介绍产品的时候，90%的客户往往因为种种原因，会习惯性隐藏起自己的真正想法，用一个甚至很多个奇怪方式来应付。此时，你若是销售人员，很难判断这些客户是真的有需求，还是故意拖延、拒绝或消遣。但是，客户的肢体语言却不会说谎，客户肢体语言会时不时发出一些暗示信号，告诉你"我真的不需要""可以成交了"等。你需要透过这种不自觉的肢体语言来读懂客户真实的内心。

一项数据调查表明，人们在表达内心情感时，肢体语言的影响力是不容小觑的，大致比例如图5-1所示。

销售人员在提问过程中，如果能读懂客户的肢体语言所发出的暗示信号，就能及时察觉客户的真实意图，并根据真实意图采取相应的对策，更便于双方沟通合作的顺利进行。

这里列举一些客户发出的对产品或服务"感兴趣"或"拒

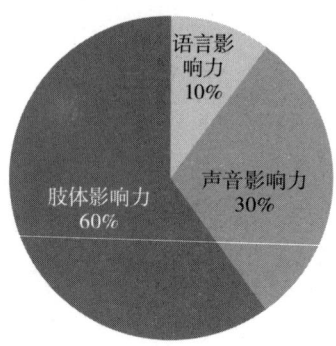

图 5-1 情感表达比重

绝"的肢体符号：

1. 感兴趣情况下的肢体语言

在谈话过程中，客户一直面向你；身体前倾，专心听；取下眼镜，舒服地坐在沙发上；热心研读单页内容；触摸观察产品或模型；多次把手伸向某一产品；积极体验，有很强的参与感；经常点头附和；突然凝视你，长达一二分钟；突然双眼微闭，默然沉思；突然间表现出欣喜状；面带微笑……

2. 不感兴趣、拒绝、抵触情况下的肢体语言

双手抱胸；翘鼻子；不停扭转身体，东张西望；不停地看手机、玩游戏、看手表；身体后倾45度左右……

客户的肢体语言有时候是稍纵即逝的，你需要在营销中及时捕捉并洞察客户身体发出的这些积极或消极信号，并采取一定的措施来促使成交。

5.1.1 对于积极信号的提问方式

对于那些发出积极肢体语言信号的客户来说，销售人员可以

第 5 章 提问：问对问题，讲对卖点

通过提问客户一些容易回答的问题，使客户能够轻而易举接上话茬，说出更为真实的需求。那么，什么样的问题是销售人员能够很好地打开客户的话匣子，而且也是客户容易回答的呢？

最好用的一种是封闭式提问。所谓封闭式提问，即提出的问题能让对方用"是"或"不是"等作答。采用这种提问方式的问题，多是客户很容易就能回答的，答案都简单、明了，在这个基础上，销售人员可以展开紧扣主题的话题。诸如，"公司现在是不是用微信公众号进行运营推广呢？""您作为公司老总，一定非常关心公司的利润，是吧？"等等。

封闭式提问常用的词汇有"能不能""对吗""是不是""会不会""多久"等，可经常使用这些词汇来组织问题，有效地缩小话题范畴，收集比较明确的话题信息。举例来说：

一位销售人员想知道客户对产品的意见，可是他发现一个问题，当他询问客户"关于我们的产品，您有什么看法呢？"此时，客户往往会不容易回答，要么敷衍说"还行吧""还好"，要么说"是有看法，但从何说起呢"……

但是当他使用封闭式提问后，客户的回答就变了。他的封闭性问题诸如此类："我们客服的态度亲切吗？""送货时间是否在可容忍的范围""使用我们的产品是否为你带来了便利？"

客户的话匣子就从这些提问中打开了："你们的客服很和气""你们的送货时间有点长"……

使用封闭式提问的一大技巧是要选择具体的问题。问题越具体，客户回答起来越容易，交谈也就越顺利。比如，"你喜欢用我们的哪一款产品"与"你用了我们的爽肤水之后是不是皮肤滑滑的"相比，后者显然更为具体，也更容易引导对方展开话题。

在最初用封闭式问题与客户聊天时，销售人员可以先用两三

个是非题或选择题来试探对方对产品的兴趣点，找到对方正确的思路之后，在这个基础上继续提问，会有意想不到的收获。

5.1.2 对于抵触信号的提问方式

当你发现客户发出一些表示厌烦、没兴趣等抵触性信号时，你可能会认为没必要为这样的客户浪费时间。事实上，有时候虽然一些客户表现出抵触或不耐烦，但并不等于他没有需求，只不过是没有意识到而已。如果销售人员采取正确的提问方式，用问题引导客户向你所期望的答案去思考或执行，往往能扭转局面，使客户重新认识产品和服务。要知道，客户是非常容易受到外来事物的影响的，尤其是在自己并没有很清晰的想法的时候。

英国肯特州立大学的马利亚·扎拉贡扎博士做过这样一个实验，他让98名大学生观看8分钟的迪斯尼电影后，向大家提出了一个问题："迪雷尼摔倒时，膝盖流血了，是吧？"结果，绝大多数实验者都回答："是的。"实际上，迪雷尼根本没有流血，博士是故意"植入"思想，然后进行提问。大家都掉进了他的"陷阱"。

类似的实验，美国田纳西州克里斯蒂恩兄弟大学的博士布莱恩·巴侬也有相似的论断。他让学生们观看5分钟的日常生活剧。然后提问："华勒斯在葛洛米特要出门时，对他说了什么话？"多数学生受这种思维的诱导，写出了各种话语。事实上，他什么话也没说。

我们的思维并不总是精确的，只要被技巧性地植入特定内容后，就会顺着特定内容的方向去思考。对于一部分客户来说，他们并不是一开始就对你的产品有非常明确的看法，可能表现出的

第5章 提问：问对问题，讲对卖点

是抗拒和抵触情绪。如果你偷偷植入对产品的看法，客户就会顺着你的思路走，对产品也开始有了这样那样的想法。

植入式提问可采用"陈述植入概念＋反问"的方式，具体可以这样操作：先陈述一个事实，这个事实可以是你的想法，也可以是大众的看法或其他人的思想，然后开始对客户就此事实进行发问。

就拿让客户使用乳液为例，你可以这样进行植入式提问："这款乳液真的很滋润，用起来滑溜溜的。您说是吧？"当对方看到你很享受的表情，再加上这种偷偷植入答案式样的提问，客户多半会表示认同，甚至产生同样的感受。

你还可以从客户的逻辑破绽处进行植入式提问。客户的语言漏洞看似不起眼，其实是你进行语言攻势的突破口。在进行植入式提问时，你只要从这些语言漏洞入手，就很容易使客户被"催眠"。

举例来说，一位设备销售人员在与客户讨论关于该公司购置设备的事情。客户皱着眉头说："我们公司人手少，几乎没有添购设备的打算。"销售人员就发现了客户的语言漏洞——"几乎没有"，并开始以此作为突破口："说的也是。不过，抱歉，'几乎没有'也就是'有一点儿'？"销售人员的这种说法就是明显的植入式提问，客户不知不觉就陷入了这种语言陷阱。告诉销售人员"是的，算是有一点儿吧。"于是，双方的项目谈判不知不觉转移到了对销售人员有利的方向。

要记住，当你的客户还没有对产品形成明确、清晰的看法时，此时，使用植入式提问，将"答案"藏在"问题"里，就能在无形中唤起客户的购买需求。

5.2 What，Why，How

为什么苹果公司的每一款新产品都能引爆一轮抢购潮？为什么苹果一直被模仿，却从未被超越？很多人将其归结为苹果的创意，其实，苹果的思维方式才是最核心的。

这一点，是由美国著名营销专家西蒙·克涅斯所发现的。西蒙·克涅斯不单单研究苹果公司，同时也研究全球其他成功的公司。他发现这些公司的产品之所以成功，是因为他们的思考、行动、交流方式都以目标为中心，按照黄金圈的三个层面 Why（为什么）→How（如何做）→What（做什么）的顺序，按照"目标、理念→方法、行动→现象、结果"的模式思维，如图 5-2 所示。

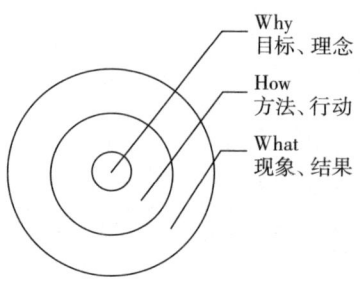

图 5-2 黄金圈的三个层面

第5章 提问：问对问题，讲对卖点

黄金圈这种思维方式是"由内而外"式，而大部分人的习惯性思维方式则是"由外而内"式。举例来说，国内的几家旅游业巨头几乎都会涉猎酒店行业，因为客户旅行总是需要住的地方。他们是先确定"What"，然后围绕这一点去想办法"How"，如何让酒店更方便等。

但是Airbnb却反其道而行之，它先从"Why"层面提出问题："旅行为什么一定要住酒店？""客户们真的需要酒店吗？"从这个层面，他们得到结论——对于很多人来说，他们需要的就是一张床和一顿早餐。那么如何去做呢？于是，"air bed and breakfast"诞生了。Airbnb也因这种"从内而外"的逆向思考，把握了特定消费群的特殊需求，使得其市值迅速超过300亿美元。

事实上，黄金圈思维模式不仅适用于对客户提出问题，深挖客户需求；同样也适用于向客户推介产品与服务。你在使用黄金圈思维提问或对话时，首先，从Why开始，找到"为什么"，建立核心理念和目标；其次，思维流动到"How"，即"如何做"；最后，思维突出"做什么"，即由理念带来产品的现象和成果。

5.2.1 "从内而外"的提问模式

从向客户提问的角度来说，先向客户提问最本质的理念问题，得到肯定回答后，由此问题一步步引导，最终可使客户看清问题本质，也便于销售人员发现客户的真实需求。

比如，一位客户想要买一个钢钻。面对这个问题，销售人员可能觉得这就是客户的最终需求，但是真的如此吗？如果使用黄金圈提问方式，结果可能就是这样的：

Why：客户真的需要钢钻吗？（客户其实并不是真的需要钢

钻，而是墙上的孔。有了钢钻才能轻松在墙上打孔。）

How：如何才能让墙上出现孔？

What：有什么新工具能迅速完成打孔？

结果，因为把握了人们真正的需求，射钉枪出现了，使得人们再也不需要钢钻了。

再举一个例子：

一家咨询公司负责向客户提供关于企业经营的战略方案。一位从事景点旅游的企业老总想在景区内开发二期项目，但对于项目具体怎样做，要建成什么样，投资多少，很难把握。于是，他找到这家咨询公司进行战略咨询。

一般来说，很多咨询公司都会为客户提供几种方案，以供客户选择。但这家咨询公司却不同。当这位老板要求咨询公司出示方案设计时，咨询公司经理先问他："为什么要开发二期项目？"

就这样，咨询公司经理通过采用连续的5Why分析法（详见5.3.1）提问与客户进行深入沟通，多次询问了解到因为第一期项目的客流很好，但盈利方面存在不足，因此，这家企业想通过开发第二期项目全方位提升盈利能力。二期项目开发呈现出的"做什么"，但其本质是想提升盈利能力，而目前第一期项目客流很好，可以利用第一期项目提供更好的服务，提升收入，这才是客户最为本质的需求。因此，这位咨询经理给出的最终方案是致力于提升一期项目的收益，在一期项目收益提升之后，再考虑二期项目的拓展。

销售人员可通过使用黄金圈思维提问法，帮客户找到最为本质的问题，从不同的角度提供解决方法，使客户得到想要的结果。

5.2.2 "从内到外"推介方式

从向客户推介产品的角度来说，先看这样一句话："我们做最棒的电脑，设计精美、使用简单、界面友好（How）。你想买一台吗？"这是最为常见的大众思维营销推介方式。

乔布斯可不会这样推介他的产品，他的对话思维方式是这样的："我们做的每一件事情，都是为了突破和创新。我们坚信应该以不同的方式思考（Why）。我们挑战现状的方式，是通过把我们的产品设计精美、使用简单、界面友好（HOW），我们只是在这个过程中做出了最棒的电脑（What）。"

我们来分析乔布斯式营销推介方式，可以发现，他先提出了自己的理念，然后提出了实现这种理念的方法和行动，最后指出了以这种理念为导向为客户带来了最棒的电脑。这种思维模式是"由内而外"模式，先向客户传达你们为什么要做这个产品，让认同产品理念的人成为你的客户。认同理念，才能从根本上激发其隐藏的需求。

销售人员在使用黄金圈思维工具组织话术时，要按照"从内到外"的思维方式来组织推介话术。

首先，从 Why 开始，找到"为什么"，建立核心理念和目标。在营销管理界，一直流传着这样一段话："一等企业卖理念，二等企业卖技术，三等企业卖服务，四等企业卖产品。"能更好激发客户隐性需求的不是产品本身，而是产品所带来的价值。而这也正是"Why"层面要体现的核心理念。

比如，王老吉产品的核心是不上火，销售人员同客户介绍王老吉的时候会说："喝王老吉不上火。冬天家里暖气热，大家又喜欢吃火锅，就很容易会上火。喝王老吉最合适。"也许他还会说："喝王老吉不上火，最近这气候太过炎热干燥，最容易上火了，来瓶王老吉最好不过。"这位销售人员为什么能说服客户？那是因为他首先提出的是王老吉的理念"不上火"，因为这种对理念的正确把握，才吸引来与此理念相对应的客户。

其次，思维流动到"How"，即"如何做"。销售人员需要思考的问题是，公司为了实现产品价值，是如何操作的？比如公司如何进行产品设计包装，如何进行技术改进和创新，如何为客户提供更多的便利，等等。在这一步，还要考虑，如何根据客户身份组织语言，说到客户心里去。

最后，思维突出"What"，即"做什么"，就是由理念带来产品的现象和成果。诸如产品与众不同的个性，产品的极致匠心，或者产品给客户带来了健康、美丽、舒适、安全、尊贵、成就、荣誉，等等。这些都是客户所真正需要的价值感。在经过这一步之后，客户的隐性需求基本上就会浮出水面。需要提醒大家的一点是，你在使用这种思维方式组织推介话术的整个过程中，应始终用"Why"来检验"How"和"What"。

第5章 提问：问对问题，讲对卖点

5.3 深度提问，探知潜在需求

被誉为"现代营销学之父"的美国经济学教授菲利普·科特勒说："营销的宗旨是发现并满足客户需求。"销售人员一般深谙客户需求的重要性，也会想尽各种方法来打探出客户的需求。但是，有时候客户表现出来的需求或者你所察觉到的客户需求，可能并不是真正的需求。之所以这么说，是因为事实上，在销售人员向客户提出一个问题的时候，客户的心智里往往会经过五次过滤，如图5-3所示。

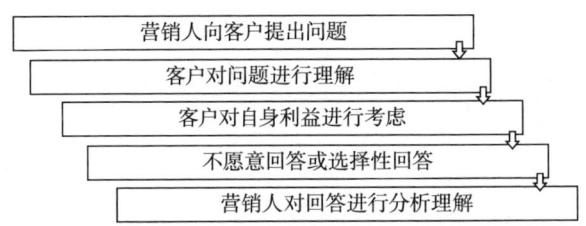

图5-3　客户心智里的五次过滤

在这五次过滤中，客户的感知力、思考力以及思维模式、语言表达等影响到客户回答的质量，问题答案经过数次加工、曲解、隐瞒，层层筛选之后，形成一种信息传递漏斗，到了最后，有价值的信息所占比例明显下降。

可见，客户的深层需求或者说真正的需求，并不是通过一两次提问就能搞定的，而是需要通过有技巧的提问，减少信息传递偏差，进行深度挖掘。销售人员有技巧的提问能及时纠正客户的思考和理解方向，使问题的答案一步步趋于真相。

在此介绍两种深挖客户潜在需求的提问法："5Why 分析法"和"二段式提问法"。需要注意的是，在使用这两种方法的过程中，你可能会遇到客户不愿意回答问题的情况。此时，你可以试着像心理医生那样，先疏导客户的情绪，使他放松，然后再逐步将他引导到提问模式中，获得你想要的答案。

5.3.1 5Why 分析法

5Why 分析法最初是由日本丰田生产方式创始人大野耐一发明的，他通过这种方法解决了生产中出现的一些问题，使得生产更加精细化。之后，这种方法不再局限于生产管理领域，用在营销、服务、学术领域，照样有惊人的效果。

所谓 5why 分析法，就是对一个问题点连续问 5 个为什么，以追究其根本原因。虽然说是 5 个为什么，但使用时不限定只做 5 个为什么的探讨，主要是必须找到根本原因为止，有时可能三四次，有时也许要八九次。

5why 分析法的关键在于通过连续提问，使回答者避开主观或自负的假设和逻辑陷阱，沿着因果关系链条，找到问题的本质。

在销售话术方面，销售人员如果能灵活使用 5Why 分析法，就能挖掘到客户需求的本质，并能够优化出最打动客户的方案，继而促单成交。当你决定使用这种方法时，需要把握其中的一些技巧，如图 5-4 所示。

第5章 提问：问对问题，讲对卖点

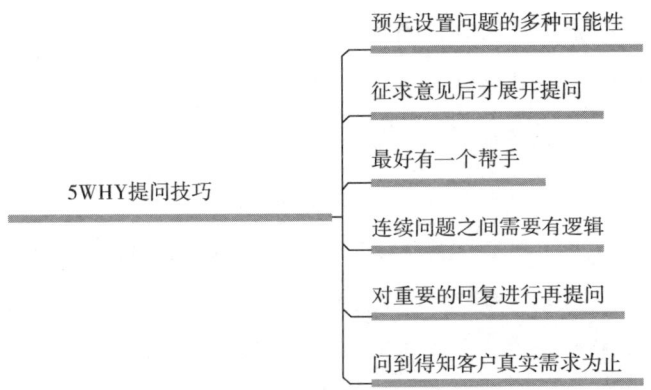

图 5-4　5Why 提问技巧

1. 预先设置问题的多种可能性

你在询问客户问题之前，可以先在头脑里想想多种可能的情况下如何应对。有了一定的准备后，更有利于你对客户提问时思路清晰而敏锐，进而把握重要线索。

2. 征求意见后才展开提问

在问第一个为什么之前，先要征求客户的意见。只有让客户感受到了你的诚意，事先得到了客户的认同，客户才会配合你回答"为什么"。

3. 最好有一个帮手

当你和客户讨论到技术或专业方面的问题时，如果你身边正好有公司的相关技术人员，就更能对客户做出较好的解释或帮客户理清解决问题的思路，得出正确的结论。

4. 连续问题之间需要有逻辑

在你向客户连续发问的时候，你需要理清你的提问逻辑和客户语言的思维逻辑。这样更容易得出正确的结论。

5. 对重要的回复进行再提问

当客户回答你的"为什么"时,你要对客户所说的重要的原因进行再提问,寻根问底。而不重要的那些回答则可忽略。

6. 问到得知客户真实需求为止

本质问题并不是问几次就自动浮出水面的,你需要一直问到客户的真实需求才喊停。举例来说:

培训机构销售人员:很高兴您来咨询有关水彩绘画的课程。不过我能问一下,您想通过这门课程的学习,学到些什么?(第一个为什么)

客户:我想学习如何绘制水彩画。

培训机构销售人员:您能更详细地介绍一下,您为什么想学水彩画吗?(第二个为什么)

客户:想多赚点钱。

培训机构销售人员:多掌握一门技能确实能在很大程度上提升收入。您是做什么工作的?(第三个为什么)

客户:我的工作是负责儿童绘本的文字部分,但我想,我如果能绘制水彩画,那就太棒了。

培训机构销售人员:很好啊!您期望您学会水彩画后,如何对您目前的工作产生帮助呢?(第四个为什么)

客户:我可以自己操作绘本的文字和图画,工作起来更得心应手。那样,我的工作也会变得更有趣。

培训机构销售人员:我认为我们目前的水彩绘画课程非常适合您,不过,我们还不能保证三个月您就可以直接绘制绘本。当然,如果您真的特别努力地学习绘画就另当别论了。我们这里有几个学员,三个月学完后,绘画水准就已经相当高了,做设计、

插画都很容易。您愿意试试吗？（第五个为什么）

客户在沉默片刻后，决定报名参加培训机构的水彩绘画课程。

这位销售人员问客户"第一个为什么"时，其实是带有征询客户意见的试探成分。客户配合回答后，销售人员确定客户是有诚意参加绘画培训的，这才接下去继续提问。在提问的过程中，客户提到赚钱是他学习的目的。但销售人员并没有停留在客户说出的这个需求，而是进一步深入挖掘。销售人员再从客户的工作入手，来继续发问，客户一步步娓娓道来，从工作中用到水彩绘画，最后聊到对他来说，水彩绘画能丰富他的工作，使工作变得更有趣。而在"第五个为什么"时，销售人员根据客户前面提到的情况，为客户提供了恰当的学习方案。客户先有一阵沉默，这沉默恰好说明销售人员的提问已经接近或者已经是问题的根源了。此时，客户的深层次需求也被召唤出来，客户开始做出了决定。

5.3.2 二段式提问诱导真相

客户的心理是微妙的，不会轻易坦诚地说出需求。他们认为真实的需求多多少少有隐私的成分，如果轻易说出来，说不定会被销售人员所利用。另外，他们在乎"别人怎么看自己"。他们担心一旦真实的需求说出来，销售人员虽然很高兴，但心里会有"这个客户眼光真差""他真是有点蠢"之类的想法。

你可以使用二段式提问法来消除客户的心理顾虑，"撬开"他的嘴巴，引导他说出真实想法。所谓二段式提问，也就是将想要询问的问题分为两段。第一段的提问起引导、辅助的作用，主要作用是为了引出客户的真实的想法。第二段提问则是针对客户的真实想法而设计的问题。在具体使用二段式提问法引导客户的真实需求时,有这样两种方法可供参考:

先问"理想化的状态",再问"现实中的状态"。想引导出一个人的真实想法,可从"虚拟的、想象的世界"开始,让他尽情想象一番后,再引导他进入"现实世界",说出现实中的真实想法,如图 5–5 所示。

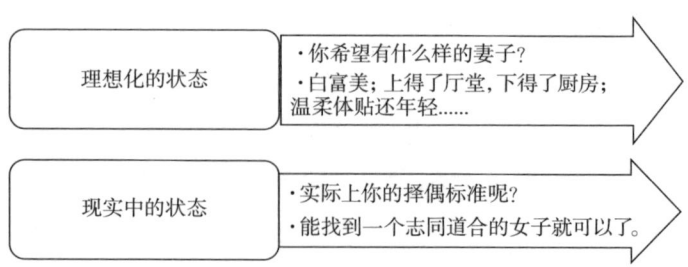

图 5–5　理想化状态与现实中的状态

这种方法是由威斯康辛大学的罗宾·透纳副教授提出的。他做了一个实验,实验对象为 176 位成年人。他首先用最为平常的方式,直接提出问题:"下星期会运动几次?"结果得到的答案为每人每周 4.72 次。

他再用二段试提问法询问:"你希望自己一周运动几次?"人们纷纷提出了构想,多是希望一周运动七次,每天都要坚持。在大家回答完这个"理想化的问题"后,副教授就又提出了一个很现实的问题:"实际上,你一周平均运动几次?"这次得出的答案是 3.73 次。这个答案更接近实际追踪调查的真实答案 3.33 次。

先问"别人的事情",再问谈话对象"自己的事情"。对于一些敏感话题、隐私话题或其他一些话题,人们在讨论别人的看法时,通常能侃侃而谈,但在说到自己的看法时却支支吾吾。你可

第 5 章 提问：问对问题，讲对卖点

以利用客户的这个弱点，以二段式提问的方式，先从"别人的想法"来引出需求，之后再以假设法引出客户的真实需求。举例来说：

一位销售人员想考验他的经销商客户的忠诚度，就故意使用二段式进行提问。他先询问客户："大家一般都怎么看我们厂家？他们认为诚信应排在第一位，还是利润应排在第一位？"

客户听了之后，尽管他也不知道其他一些经销商是如何评价厂家的，但还是侃侃而谈："他们觉得你们厂家的产品值得信赖，尤其是那款爆品墙贴……"

销售人员很清楚，客户虽然谈论的是别人，但实际上却说的是自己的看法。说白了，人们在陈述"他人的看法"时，代入了极强的"个人看法"。

在彼此聊得热火朝天时，销售人员趁机提出这样的问题："假如你是他们，你是不是会随着潮流，也大批量入手那款爆品墙贴呢？"客户就说："假如我是他们，我想我可能会直接入手半年甚至一年的货。我预计这墙贴在三五年内不会过时。"

没过几天，客户果真是下了单，而爆品墙贴这款货，他的确是订购了一年的单子。

5.4 问出异议，找出卖点突破口

美国著名销售大师汤姆·霍普金斯把客户的异议比作金子："一旦遇到异议，成功的销售人员会意识到，他已经到达了金矿；当他开始听到不同意见时，他就是在挖金子了；客户的异议是成功销售的阶梯，突破异议则是成功的关键。"

有些客户并不是不想购买产品或服务，而是对产品或服务存在一定的异议。事实上，客户只有在考虑你的产品或服务的情况下才会产生异议，倘若他毫无购买动机与购买欲望，他压根就不会产生异议。但有的销售人员视客户的异议为刁难，从而采取针锋相对的态度对待，以至于客户愤愤离去。其实，客户的异议恰恰是销售人员找到卖点突破口的契机。

除了真正的异议，有时候客户还会表达出假的异议，他们不会告诉销售人员为什么他们真的不想买你的产品。很显然，销售人员可能无法说服客户，除非销售人员搞清了他们真正的异议是什么，做不到这一步，就算销售人员再口若悬河，都难以说服客户。

那么，如何得知客户真正的异议，从中找出卖点的突破口？你可以用提问的方式，一步步引导客户说出真实的异议，并由此消除异议，引导客户的购买行为。这里给大家提供两种提问方

第5章 提问：问对问题，讲对卖点

式："连续发问法"以及"SPIN法"。接下来，我们来详细解说如何使用这两种提问方式来问出异议，消除异议，导向成交。

5.4.1 连续发问，问出异议真相

对于一些心存异议，又不愿意说出真实意图的客户来说，用连续发问的方式，连续向客户提出问题，直到客户招架不住，真实的异议也就浮出了水面。

连续发问有点像机关枪，接连不断的问题使被问者反击困难，甚至在连续回答几个问题后会变得哑口无言。关于连续发问的效果，可以从一则旧闻说起。

某年，美国一所大学发生一起抢劫案，该校的一位教授被认为是嫌疑人。警察在调查这位教授时，发现他言谈举止都没有破绽，根本不像是有嫌疑的人。警察又通过教授身边的同事与学生来了解教授本人，发现大家对他的印象都特别好，他们谁都不认为教授会做出抢劫的事情来。

在案情处理没有丝毫进展的情况下，一位警察使用了连续发问术，这位教授起初平静如初，一问三不知。不久后，他开始感到厌烦，他的情绪也显得紧张不安。而这些引起了警察的怀疑。警察开始多方面布网搜索证据。一个星期后，警察找到一位重要的目击证人。人证、物证一应俱全，教授承认了自己就是抢劫案的主角。

心理学家的研究也表明，连续发问这种方式，攻势极强，可有效驳倒他人，使他人沿着你的思维套路进行思考。这种方式虽然不能一下子使你找到真相，但却能让你在最短的时间内找到对方的漏洞和弱点，击破对方内心的壁垒。

连续发问这种提问方式，在具体使用时，最好是在对方毫无察觉的情况下开始发问。如果最初的几个问题没有将对方问倒，那就继续提出问题，直到对方回答出他的真实想法为止。此时，你也就掌握了交谈中的话语主动权。当你想探知客户需求的时候，不妨使用连续发问，让客户不知不觉失去心理防御能力，说出真实异议以及真正的需求。

5.4.2 现状→问题→影响→需求

SPIN销售法是由英国销售大师尼尔·雷克汉姆创立的。SPIN销售法以客户购买心理和行为变化为出发点，通过四种启发式的提问，引导客户向预定的交谈方向前进，将销售行为引向成交。SPIN销售法的核心为四种提问的组合，如图5-6所示。

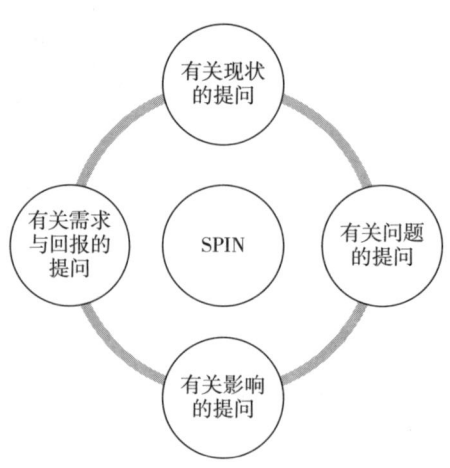

图5-6　SPIN销售法的四种提问组合

1. 有关现状的提问（Situation Questions）

你需要通过向客户提问一些现状性的问题，了解有关客户组织与现状的背景信息，建立客户数据库，比如客户的收入、职业、年龄、家庭状况；客户公司的经营状况、作业方式、销售方式等。需要注意的是，在这一步，为避免客户产生厌烦与反感而加重对产品或服务的异议，有关现状的提问必须是适可而止地发问。

2. 有关问题的提问（Problem Questions）

你可以问客户一些难题性的问题，比如"你们是否有保障？""公司现在是否有把握更新设备？""货物存储品种太多，差错率高吗？"通过客户对这些问题的回答，来探索客户隐藏的需求，发现和理解客户所面临的问题、困难和异议。

3. 有关影响的提问（Implication Questions）

如果你通过前两种提问，发掘了客户的问题以及异议而不帮助或提醒解决，将给客户带来不利后果。为了引起客户的重视，消除异议并唤起客户的隐性需求，你可以询问客户一些隐喻性问题。比如："仓储的差错率这么高，会不会影响到生产成本和业务增长？""运营状况欠佳，长久下去，会不会影响到客户满意度？"这些隐喻性的问题很容易使客户消除异议，感受到其隐藏的需求，以及即刻满足这种需求的迫切性，从而产生强烈的购买欲。

4. 有关需求与回报的提问（Need–Payoff Questions）

一旦客户的异议消解了，开始认同需求的严重性与急迫性，且必须立即采取行动时，聪明的销售人员便会提出有关需求与回报的提问。比如，"如果仓储能力得以充分利用，可增加多少收入？""如果运营状况转好，客户满意度提升了，公司的经营能力会提升多少？""提升服务水平能给公司带来什么样的正面影响？"

等。一旦客户对于这些有关需求与回报的提问持肯定态度,那么,就证明客户的异议已经消除,且已经有了明确的需求。销售人员可以在明确解决问题的好处与购买利益的基础上,将交谈推进到行动与承诺阶段。

举例来说,一家机器人设备生产公司的销售人员在每次拜访客户前,总是先用 SPIN 销售法规划一下如何引导客户解除异议,发现潜在需求。比如,这一次,他要见一位某大型公司生产部门的技术主管。他根据 SIPN 销售法列出了自己的说服逻辑草稿:

情境性问题(Situation Questions):

(1)你们企业目前规模似乎越来越大了,是不是使用的生产设备也越来越多?

(2)你们现在使用哪种品牌的智能机器人手臂进行生产?

(3)你们在生产线中使用这种机器人手臂所占的比例为多少?

探究性问题(Problem Questions):

(1)这种机器人手臂设备存在差错率的问题吗?如果存在,差错率是多少?

(2)你们采用这种设备后,生产能力和销售能力是否都得到了提升?

(3)你们对这个品牌的机器人手臂满意吗?

暗示性问题(Implication Questions):

(1)这种品牌机器人的单一、不够灵活的智能思维对你们的生产和销售产生了什么样的影响?

(2)这种影响的背后,意味着什么?

解决性问题(Need-Payoff Questions):

(1)你们现在有什么办法来解决这几个问题呢?

第 5 章 提问：问对问题，讲对卖点

（2）我们公司的×××产品专门针对这种情况提供备用方案，可以有效地避免上述问题……

一般情况下，客户在这种说服方式下毫无抵抗力，他之前的异议在这种逻辑性提问中逐步消解，最后会直接拍板为公司购进销售人员所推荐的产品。

5.5
聆听：解决卖点提问中的"致命缺陷"

2017年10月，马云报名参加了阿里的"亲听"活动。"亲听"活动的初衷是为了鼓励阿里成员们聆听客户声音，重视客户体验。马云也亲临现场，当上了客服，深入一线，聆听客户的需求，了解客户的问题。阿里巴巴一直强调"倾听客户心声，重视客户体验"，而这正是阿里巴巴运营厉害的原因之一。

事实上，在卖点提问过程中，销售人员在提出恰当的问题时，如果能辅以有技巧的倾听，就能更好地展示自己的能力。成功的销售人员并不会在与客户交谈的早期阶段，就急着解决问题，而是更擅长在提问后，通过一定的引导，使客户积极表达心声，他则扮演倾听者的角色，投入更多的时间去了解客户最看重的决策标准，这使得他能够以最大的利润来与客户进行合作。

倾听，最普通不过。但会不会听，如何听，这其中也是有技巧的。接下来，来介绍一些在提问过程中聆听的注意事项以及相关技巧。

5.5.1 反思聆听的优势与劣势

事实上，如果你想在提问的过程中，做一个更好的聆听者，

第5章 提问：问对问题，讲对卖点

你必须首先了解你是哪一种类型的聆听者。请先问自己这样几个问题：

（1）你侧重聆听的是客户陈述的细节、数据还是其他方面？

（2）你会在提出问题后，在客户回答的间隙插入故事吗？

（3）你会对客户的情感作出回应吗？促使你作出回应的是哪些因素？

（4）是什么让你感兴趣并能够做到专注去听？

（5）你能够适当保持沉默吗？

通过对这些问题的思考，找到你在聆听中的优势，列举出来。

接下来，再看下面一些问题：

（1）你是不是经常打断别人说话？

（2）你是不是喜欢主导对话的人？

（3）你是不是经常会心不在焉？

（4）你是不是经常在他人说话时低头玩手机、游戏或查看邮件？如果这些回答是肯定的，那么，你是因为无法集中注意力，还是感觉无聊？

（5）在你心不在焉时，你能抓住对话的重点吗？

（6）你是否立即会对听到的内容作出评价？

通过对这些问题的思考，找到你在聆听中的劣势，列举出来。

你现在对你在聆听时表现出来的优势与劣势已经一目了然。接下来，你需要在提问客户之前，就在头脑中提前做出更利于发挥优势的提问类型，也可以通过刻意练习，将聆听中的劣势逐渐纠正过来。

5.5.2 提问中的聆听技巧

在你向客户提问的过程中，要有足够的耐心，不要急着为客户的回答下结论，而是应自始至终扮演倾听者的角色，引导客户多说。倾听客户说话，并不是简单地听客户说话，而是有技巧地去听。这样不仅能听出客户话语里的意思，而且能听出客户话语里的弦外之音。这里介绍三种在提问过程中最为有效的倾听技巧，如图5-7所示。

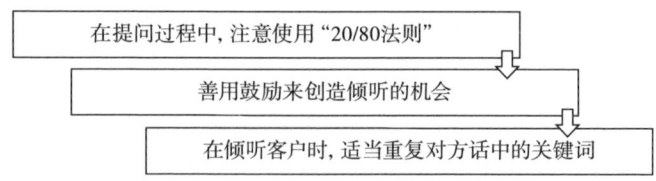

图5-7 倾听客户的技巧

1. 在提问过程中，注意使用"20/80法则"

意大利著名学者帕累托指出，在任何特定群体中，重要的因素通常只占20%，而其余80%是次要因素。因此，掌握20%的重点，就能操纵局面。销售人员在与客户进行提问式对话的过程中，这个原则同样奏效。也就是说，用80%的时间倾听，用20%的时间说话，这是最好的时间分配方案。这样你能从客户的言谈中了解到客户的真实需求，你能够冷静分析对方的谈话内容，抓住关键之处。在倾听客户时，不要只是简单地发出"嗯""是"这样的声音，而是要安静下来，多注视对方，时机合适时，通过有意义的语言和肢体动作来回应对方，这样才能达到一个比较好的人际互动效果。

2. 善用鼓励来创造倾听的机会

销售人员要营造出一种理想的谈话氛围，多用微笑、点头、目光等鼓励对客户进行回应，使客户心情愉快，进而愿意谈下去。在对方停顿下来时，也可以用简单的话语来指出客户的某些观点与自己一致，或运用自己的经历、经验来说明对客户的理解。有时，也可以适当地运用反驳和沉默鼓励客户继续谈下去。适当的沉默并不等于忽略，而是表示你在思考对方的谈话，很重视对方对产品或服务提出的意见。

3. 在倾听客户时，适当重复对方话语中的关键词

一个好的倾听者，即便对对方的回答不感兴趣，也会不时地重复对方话语中的关键词，这样对方就会觉得他是在认真听，并且对自己的回答感兴趣。另外，客户说话时，他的关键词其实就已经透露出需求方向。

比如，以珠宝销售为例，当一位客户向珠宝销售人员说自己的妻子是某学校老师时，他对珠宝的需求风格将偏向于低调，绝对不会是炫耀的那种；如果客户抱怨股市低迷，那么他买珠宝的真实需求其实就有投资的成分。你只有抓住关键词，才能听懂或引出客户的真实需求。

第6章

故事：
卖点叙述六要素，轻松赢得客户心

▼

"故事"在史前石器时代就开始出现了，至今，人们依然津津乐道于故事这种叙述方式。任何一种爆品或爆破式营销背后，都有一些能够引发人们情感共鸣的故事。更多的时候，人们不是被产品或销售人员所吸引，而是被产品背后的故事所吸引。故事比事实、逻辑、信息甚至个人观察都更有说服力。

6.1
认同感真相:卖故事就是"爱情激素"

在史前石器时代,穴居人利用故事解释猛犸象逃跑的现象。如今,在世界的每一个角落,人们依然喜欢听这样那样的故事。故事从人类语言形成之初就已经存在,并始终是人们喜欢的叙述方式。为什么经历漫长的历史时期,人们始终对故事情有独钟?

美国加利福尼亚州克莱尔蒙特研究生院的研究人员发现一种现象:故事可以激活人们大脑中的"爱情激素"。其中的一位研究员保罗·扎克博士做了这样一个实验:

他向志愿者播放了两段时间长度相同的视频,第一段视频是关于一个患有晚期脑癌的四岁小男孩的故事;第二段视频是一个四岁的小男孩到动物园的事情,并没有叙事成分,也没有什么情节可言。

实验结果发现,志愿者在看完第一段视频后,大脑内释放的爱情激素,远远高于看完第二段视频后大脑释放的爱情激素,超出值达到47%。

为什么故事有这么大的震撼力?这是因为故事跟人们的感性头脑反应有关,人们在听或者看故事时,经常会感同身受,体验故事本身所带来的喜悦、悲伤、惊讶、恐惧等情绪。即使故事本身并不包含爱情的成分，但它能满足人们的情感需求，因此，故事听上去或者看上去"很性感"。

精明的销售人员早就深知故事的魅力，知道爱听好故事是人的天性使然，知道用故事诠释产品卖点会使卖点更加凸显，使客户产生发自内心的认同感。经过故事包装的产品相较于同类产品，具备更明显的优势。

6.1.1　客户为什么喜欢故事

我们右侧大脑更侧重文学化、艺术化、视觉化的思维方式，更有创造力；我们的左脑则侧重于语言、知觉、逻辑推理思维等。

美国著名未来学家、趋势专家丹尼尔·平克敏锐地察觉到，人类社会已经步入"右脑时代"，他说："以前，左脑思维是司机，而右脑思维是乘客。现在，右脑思维突然抢走了方向盘，加大油门向前奔驰，并决定我们要去哪里，以及怎样到达目的地。"也就是说，以创新、共情、意义为主导的右脑将主宰全新的世界。在营销领域，以故事为主的右脑营销思维也必将占据相当重要的地位。为什么人们越来越喜欢故事？

关于这个问题，科学家迈克尔·加扎尼加在实验中发现，左侧大脑是"解释器"，它工作的重心就是将零散信息进行拼凑加工，做出一副完整的心理图。当加扎尼加为右脑提供信息时，左侧大脑就会拼命工作进行解释。事实证明，人类喜欢听故事，不仅仅是右脑在发生作用，实际上，左右脑更愿意不断对故事进行"解释加工"，使故事越发具有吸引力。

我们以赛百味的贾里德的故事为例。贾里德·福格尔用一年的时间,成为20世纪最成功的减肥达人。贾里德的减肥计划完全是自己制定的,他每天中午吃一个6英寸赛百味火鸡三明治,晚上吃一个12英寸赛百味新鲜蔬菜三明治。与此同时,他依靠大量的步行运动在不到一年的时间内就减掉了245磅。2000年1月1日,他出现在赛百味的商业广告里,接下来,他上了真人秀节目。赛百味靠贾里德减肥的广告,很快就推向了全国,这使得赛百味的销售额在接下来的10年内翻了一倍,从美国排名第四的快餐连锁店到排名第三。

"贾里德吃赛百味减肥245磅"这则成功的减肥故事,当它为右脑提供信息时,左脑不断对其信息进行整理分析,这个过程就是客户对产品产生认同感的过程,如图6-1所示。

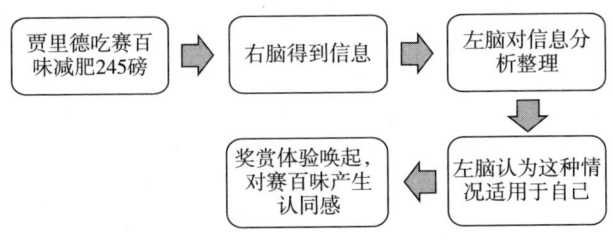

图6-1 认同感产生的流程

结果是,左脑认为这个故事来自一个跟自己差不多的人,这样的人能靠着吃赛百味减肥,同样的情况也适用于自己。于是,消费者大脑中心的奖赏体验被唤起,他们对贾里德、赛百味产生认同感,愿意去购买赛百味的食品。

6.1.2 故事营销的要素

爱听故事是人的天性。一件有故事的产品要比一件没有故事的同类产品更能感动消费者的心,更具有吸引力。但是,客户的大脑具有高度分辨率,他们只为自己感兴趣的故事埋单。一个故事讲得天花乱坠,但如果不合客户胃口,就会被客户很轻易地拒绝。这就像将一盘波士顿大龙虾摆在对龙虾过敏的客人面前一样,对他而言,这种东西再好也没价值。

营销故事需要根据特定客户群的偏好、消费习惯等进行量身定制。销售人员在清楚特定客户群对营销故事的喜好之后,还要检验故事是否具备了"直抵人心"的要素,如图6-2所示。

图6-2 故事营销要素

1. 简单

简单的故事信息量小,信息排序清晰,客户听了就能记住。

2. 具体

人们的思维方式趋向于简单化,因此,越是具体化的故事,能使人只用联想、回忆等简单思维方式思考的故事,越容易让客户动心。

3. 惊奇

人的大脑天生对变化敏感。不寻常、有创意、有神秘感的故事很容易吸引人们的眼球。

第6章 故事：卖点叙述六要素，轻松赢得客户心

4. 信任

故事最为本质的内核是"事实"，缺乏了事实，仅仅有故事的外衣，是禁不起推敲的，也很容易失去客户的信任。

5. 情感

在尊重事实的基础上，使故事与客户的情感相契合，更容易引起客户共鸣。

6. 情节

故事跌宕起伏，持续为客户创造悬念，这样的故事更有吸引力。

在创造营销故事中，这些要素最少要具备两个才能达到更好的效果。我们以阿大葱油饼的故事营销举例来说：

上海永嘉路阿大葱油饼，被人们称为"葱油饼中的爱马仕"。阿大葱油饼20分钟一锅，一锅只有10个，一天总共做300个饼。每天来买葱油饼的人排着长队，大多时候，需要排队等待两三个小时，才能买到外边香脆、内里软嫩，夹杂着猪油和葱花香气的葱油饼。阿大的葱油饼红火程度可想而知。

事实上，阿大卖的不仅仅是葱油饼，还有几十年如一日精工细作葱油饼的故事。阿大葱油饼的制作者阿大是普通得不能再普通的上海爷叔，他从20世纪80年代开始做葱油饼，已经做了30年。阿大每天两点多起床，到店里准备两三个小时，在清晨五六点钟开门迎客。阿大的葱油饼油酥，小葱料足，而且阿大葱油饼还有一道传统工序，就是：做完葱油饼后，将饼放到炉子里烘，用明火将饼上的浮油烧掉。经过这道工序，葱油饼就不会油腻。

不过，这道工序比较耗费时间，很多做饼的生意人都将这道

工序略去了，但阿大却始终坚持这么做饼，保留了传统葱油饼的美味，才将不起眼的葱油饼做到了极致。

可以看出，阿大葱油饼的营销故事几乎完全具备这些"直抵人心"的要素，这使得"独具匠心"的故事更为凸显。当然，这样的营销故事就是最大卖点，它轻而易举地成就了阿大葱油饼。

6.2 惊喜感→吸引力→持续关注卖点

有两家口碑不错的餐厅出现在你面前：第一家餐厅在客人就餐时，会送给客人一件神秘小礼物；另一家餐厅则是每次都送给客户一份小蛋糕。你会选择哪家餐厅？从大概率来说，选择第一家餐厅的人要比选择第二家餐厅的人多。这是为什么？

其实这里隐含了一个影响购买的重要因素——惊喜感。一般心理学认为，如果产品对于购买者来说，丝毫没有惊喜感，人们的购买欲就会下降，这叫"分离效应"。但如果增加不确定性因素，就像买彩票一样，人们对结果有所预期，想要获得惊喜感，人们自然而然就愿意购买。

销售人员在进行故事营销时也是这个道理。如果故事能够带给人惊喜感，那么人们就会对接下来未知的故事充满好奇心和期待感。未知、好奇心、想象力已经成为合格时代消费主张与消费场景的典型代表。由惊喜感引发的未知、好奇心与想象力，使得产品就有了从平凡变为不平凡的吸引力，同时，产品也获得了客户的持续关注。

营销故事惊喜感的制造就像《阿甘正传》里的经典台词"人生就像一盒巧克力，你永远不知道下一块是什么滋味"。为了满足客户对这种不确定的"惊喜感"的追求，聪明的销售人员必须在讲述故事时做到这样两点：激发客户的好奇心；点燃客户未被满足的需求。

6.2.1 激发客户好奇心

在眼球经济时代，产品的竞争，除了功能、价值、品质、适用性等方面的竞争，还有一项重要的竞争，即产品是否能够分分钟博得客户眼球，吸引客户持续关注度。关注的人越多，关注的时间越长，产生的销售额就越大。

你在创造营销故事时，要想使故事本身产生强烈的关注度，你就得讲一个令人好奇的故事，激发客户强烈的好奇心。好奇心是人类的天性，是人类行动动机中最有力的一种。客户一旦对这则营销故事产生了好奇心，就想看看它是怎么回事。即便有一个声音告诉他："喂，这跟你无关。"他仍然会关注故事，进而关注故事背后的产品。

《哈利·波特》和《盗墓笔记》为什么备受追捧？是因为这两本书的故事展示给读者的是人们从未接触过的神秘世界。人们本身对未知的事物就有极强的好奇心和探索欲，越是神秘未知的事物，就越能充分激发人们的这种好奇心，人们就越愿意去持续关注。

以光明莫斯利安酸奶品牌营销故事为例。莫斯利安酸奶的名字源自"酸奶之乡"保加利亚的长寿村莫斯利安。莫斯利安是世界五大长寿村之一，那里的百岁老人比例超出国际长寿区标准的4倍多。

诺贝尔医学奖获得者梅契尼科夫经过多年研究发现，莫斯利安人长寿源于自酿酸奶的习惯，他们的酸奶中含有一种特有的活性益生菌 L99，能有效平衡肠道健康，使身体充满活力。梅契尼科夫根据研究结果,提出了长寿与自酿酸奶之间关系的研究理论。

2008年,6位肩负研发中国首款长效酸奶使命的光明乳液科研人员,历经千山万水来到莫斯利安。他们将这一神奇菌种、长寿村的秘密以及莫斯利安人"用爱心酿制的酸奶才是好酸奶"的诚挚嘱托带回了中国,为中国家庭酿造地道的莫斯利安酸奶。

在莫斯利安的品牌故事中,莫斯利安首先是一个遥远且人烟稀少的村落,这个村落的人普遍长寿,年龄超过100岁的大有人在,这个村落的酸奶菌只有这里有……这一系列元素都充满神秘色彩,使渴望长寿的人们对此充满了好奇心。消费者的好奇心一旦被唤起,购买欲自然而然就来了。

6.2.2 点燃客户未被满足的需求

很多销售人员在通过故事阐述产品卖点时,都是基于公司提供的宣传资料,在这个基础上编制故事。而这个宣传资料上面的产品卖点实际上并不会覆盖所有客户。

事实上,如果不能根据客户的说辞来推理客户的需求,不能从客户的需求出发来调整营销故事,就无法说到客户心里去,很难使营销故事发挥应有的作用。比如,客户真实的需求其实是产品的品质,而你大谈特谈产品如何帮客户节约时间,如何使生活方便快捷,这些客户并不需要,因此根本就无法打动客户。有的客户甚至会想"这关我什么事?"。

故事营销一定要先探知客户的真实需求,然后再点燃客户的需求,如果客户的需求无法被点燃,故事营销的效果为零。销售人员可以在销售前期进行资料搜集,将客户的购买需求进行分类。比如

好的销售都会找卖点

A 类客户购买需求是为了满足安全感；B 类客户购买需求是想寻找归属感；等等。对客户群进行精确分析定位后，接下去就是选择针对不同客户群需求的故事了。销售人员需要思考：我通过什么样的方式将商品特质包装成客户想要的利益？并围绕这个目的来组织故事结构。我们以职场剧《猎场》中的一幕为例：

《猎场》中，郑秋冬和袁昆同样就职于猎头公司。陈修风是金融才子，日后要继承他父亲的酒店事业，他对金融行业很有兴趣。袁昆和郑秋冬的目的一样，都想挖到陈修风。袁昆发现自己的"猎物"同样也是郑秋冬的"猎物"，为了第一时间拿下陈修风，袁昆利用美人计，让候选人陈修风就范。

在这个过程中，袁昆想用哪类心理需求来说服目标？很显然，是第一层次生理需求与第二层次安全需求。正所谓食色性也，用食欲和情欲去点燃一个人的需求，这是从基本层面需求出发来影响人的决策。袁昆还利用了陈修风的安全需求，即客户对人身安全、稳定生活、免除痛苦等层面的需求。

而郑秋冬在点燃客户需求方面就比袁昆要高明许多。对于另一个候选人曲闽京，他是从"社交需求"这个层面来展开的。所谓社交需求，即包括对友谊、爱情以及隶属关系的需求。郑秋冬以亲人的角色为谭絮和曲云筝未来的生活做了规划，这一点感动了 4A 级玩主谭鹤。谭鹤在自己家人面前的"忽悠"，也帮曲闽京的家人提供了很多有利条件，比如为曲闽京的太太提供工作，为女儿提供有益健康的环境。这些都让曲闽京有了做一个好丈夫和好父亲的机会。可以看出，同样是点燃客户需求，郑秋冬的方法更倾向于为他人锦上添花，比袁昆的手段要高明多了。

客户的真实需求一旦被找到并得到满足，那么在接下来的时间里，你的任何营销故事，客户都会感兴趣，并会产生持续的关注力。

6.3

颠覆式创意 + 具体描述 = 卖点疯狂生长

我们来看这样两个简短小故事:

故事 A：一个女孩是芭蕾舞演员，她后来出名了。

故事 B：一个女孩是芭蕾舞演员，她每天都要练习跳舞，从未间断过。她后来出名了。其实她是一个盲人女孩。

同样的故事，不一样的叙述方式，给读者所带来的震撼是截然不同的。读者看第一个故事，过于寻常，几乎不会有什么印象。而第二个故事，则因为在叙述结构上的变化，一方面是描述得更加具体化，另一方面是在叙事结构上加了一点儿小创意，结果就产生了震撼人心的效果。

360 总裁周鸿祎说："一只大鳄鱼，你要打败它，在水里抱着打，肯定打不过。但是，你把鳄鱼引到树上，猴子就能把它收拾了。""所有颠覆式创新，我总结一句话，就是屌丝的逆袭，如何击败高富帅，赢得白富美。"

在营销故事的架构上，如果能融入颠覆式创新，再进行具体化的叙述，就能给客户意想不到的体验感。卖点才能在客户头脑中疯狂生长，产品也会借此迅速脱颖而出。

6.3.1 破坏式颠覆,颠覆式创新

史蒂夫·乔布斯的苹果、马云的阿里巴巴、腾讯的 QQ 与微信……几乎任何一种获得巨大成功的产品,其背后都有着脱胎于颠覆式创新的商业模式或营销策略。这些创新式商业模式或营销策略,在一开始出现时,似乎是异想天开、离经叛道的,它们意味着打破惯性思维,但最终它们因这种颠覆式创新而在市场上开辟出一片蓝海。

颠覆式创新思维同样可用于故事营销,如果用对了,能使营销呈现爆破式增长。想要实现颠覆式创新叙述故事,你需要突破惯性思维的限制。所谓惯性思维,就是指思维定式,即由先前的活动经历而造成的一种对活动的特殊的心理准备状态,或活动的倾向性。在环境不变的条件下,惯性思维使人能够应用已掌握的方法迅速解决问题。而在情境发生变化时,它则会妨碍人采用新的方法。惯性思维可以说是颠覆式创造性思维的死敌。

有一位老教授给他的学生们讲述了这样一个故事:

某日,五金店里来了一个哑巴,他想买钉子。于是,他对着销售人员左手做拿钉子状,右手做握锤子状,用右手锤左手。销售人员以为他要锤子,就给了他一把锤子。哑巴摇摇头,左手晃了晃。销售人员这次明白了,给了他一袋钉子,哑巴满意地离开了。这时五金店又来了一个盲人,他想买一把剪刀。他如何以最快的方式买到剪刀?

有学生就回答,用手比划做成剪刀状,有学生说直接指着剪刀的橱窗,让服务员知道。但是他们转念一想,错了,上了惯性思维的圈套,盲人会说话,直接告诉服务员"来一把剪刀"不就

行了。

在故事营销中,很多人也习惯用惯性思维来架构组织故事。实际上,使用循规蹈矩的传统思维来定义故事价值主张,对故事进行平铺直叙式讲述,毫无新意可言。这样的故事显然是不可能吸引客户的。而如果为故事添加更多的颠覆式创新元素,结果就大不相同了。比如:

1. 差异感

摒弃同类产品在故事营销时习惯性使用的价值理念、讲述方式,用一种与之相反或具有"探索者"角度的思维方式来叙事。

2. 从量到质

从产品的量的维度的改变,跨越到产品质的维度的改变。以特拉斯为例,它不仅仅是技术层面量的维度的颠覆,同时,特拉斯还以全新的商业模式颠覆了整个汽车市场的质的维度。

3. 艺术感

一个好的颠覆式的营销故事是需要讲述出产品的艺术美感的。苹果公司在讲述品牌故事时,甚至将普通的电子产品上升到艺术品层面。

6.3.2 具体、具体、再具体

面试官问了应聘者一个问题:"你喜欢营销工作吗?"我们来看应聘者的这样几段陈述:

"我非常喜欢营销类的工作。"

"我希望能从事营销方面的工作。"

"我一直对营销行业非常感兴趣,我学习能力也很强。"

"在课堂上听老师讲过小米和杜蕾斯的营销案例,那时候就开始对营销感兴趣了。"

"之前机缘巧合读到了《营销革命》这本书,从此就对营销很感兴趣了。"

如果你是面试官,你会选中哪位应聘者?后面两位被选中的概率远远大于前面三位。为什么?前面三位的陈述都太抽象和空洞了。后面两位的陈述虽然没有华丽的辞藻,也没有多深刻的认识,都只是简单陈述,但却具体、形象。

同样,在故事营销中,对故事的卖点部分的描述要尽量具体、具体、再具体。这样,卖点才更容易被记住,才更为可信、明确、感人、易于传播。你可以尝试就像创作文学作品一样,对故事中的卖点部分进行有重点地、详尽地描述。

以鲁迅的《藤野先生》为例,其中对藤野先生是这样描写的:"那时进来的是一个黑瘦的先生,八字须,戴着眼镜,挟着一叠大大小小的书。一手将书放在讲台上,便用了缓慢而很有顿挫的声调,向学生介绍自己道:'我就是叫作藤野严九郎……'"这段描写简洁而又具体,使人印象深刻。

在故事叙事中,恰当地对卖点进行文学描写式的讲述,能使客户印象深刻,品牌所传达的价值理念自然而然就会深入客户心智。

第6章 故事：卖点叙述六要素，轻松赢得客户心

6.4
轻易俘获客户的四种情节

百岁山是景田公司于2013年最早推出的品牌，也是至今市场识别度相当高的一个品牌。百岁山以"水中贵族"为核心来进行品牌宣传，接连拍了三部故事广告片，其动人的情节使得百岁山自推出就出尽了风头。

在百岁山的第一部广告影片中，是关于笛卡尔与瑞典公主克里斯蒂娜的忘年恋故事：

相传老年笛卡尔为躲避黑死病，流落瑞典，邂逅了瑞典公主克里斯蒂娜。笛卡尔成为克里斯蒂娜的家庭教师，两人之间渐生爱意。老国王知道这件事后，很坚决地拆散了他们，驱逐了笛卡尔。笛卡尔贫病交加，弥留之际给公主写了一封信，信上是一个方程式：

$r = a(1 - \sin\theta)$

公主看完信后喜极而泣，她在纸上建立了坐标系，用笔在坐标上描出了方程式的点，这是一个心形图案，饱含了笛卡尔的一片深情。后来克里斯蒂娜继承了王位，她派人寻找笛卡尔，此时，笛卡尔已不在人间……

百岁山这则曲折、独特、感人，情节感十足的故事，自然而然引发了消费群体的共鸣，人们因为这个故事，愿意选择"水中

贵族"百岁山。

事实上，无论是营销故事，还是文学作品故事，所有能引发人们共鸣的故事情节，在一些地方普遍存在共同之处。瑞士心理学家卡尔·荣格从对人类历史故事的研究中，发现能口口相传、强烈引发人们共鸣的故事，彼此之间存在很多重复的行为。他因此提出了"原型"这一术语，用来描述任何历史文化阶段，一些人类故事所具备的普遍行为模式。所谓原型，即一个可以被拷贝、模仿的人物、故事、事件的典范或雏形，是一种公认的符号。

在所有令人难忘、引起强烈共鸣的故事中，事实上有相似的原型情节。比如，白手起家、日常生活、激励事件、喜剧、悲剧、心路历程、追寻价值与梦想等。在品牌营销中，最为关键的是，能够根据品牌自身的定位、优势，结合客户心理，利用原型性故事创造出最能阐释品牌价值的营销故事。

6.4.1 品牌与需求的最佳匹配度

畅销小说作家如果想让作品中主人公的经历与读者产生更多的共鸣，单单依靠对人物以及经历的深度刻画是无法达到目的的。他必须了解目标读者群的深层次需求，使读者看后产生强烈的共鸣，这样小说才更容易畅销。

同样道理，销售人员无论要使用哪一种故事情节，必须建立在品牌与需求度最佳匹配的基础上。因此，在选择情节原型之前，我们必须对潜在客户有更深层次的分析与洞察。我们可以使用托马斯·雷诺兹与乔纳森·古特曼这两位教授发明的"手段－目的链探知法"，从外向内一层一层探知潜在客户的层层需求。

第 6 章 故事：卖点叙述六要素，轻松赢得客户心

这种方法又被称为"阶梯法"，通过面对面谈话调研，来一层层搭建"认知梯"。调研话题从一个关于产品的简单问题开始，围绕客户的答案层层深入，直到问出最深层次的答案。手段 – 目的链探知法模型，如图 6 – 3 所示。

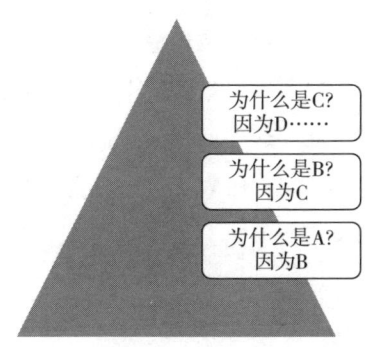

图 6 – 3　手段 – 目的链探知法模型

我们举例来说，有一款洗衣液，它与市场上主导型的洗衣液相比，10% 衣物的亮度能提升。下面是这款洗衣液调研潜在客户需求的阶梯模型：

销售人员：你为什么选择我们这款洗衣液？

回答者：它能明显提升衣物亮度。

销售人员：为什么亮度对你来说这么重要？

回答者：很多衣物在多次洗涤之后，显得特别旧。但如果亮度能提高，即使衣物经过多次洗涤，依旧可以看上去很新，很干净。

销售人员：衣物看上去又新又干净，对你意味着什么？

回答者：我可不想让别人认为我们一家人的穿着又脏又旧。

销售人员：为什么会这么想呢？

回答者：我是这个家的女主人，我认为我的孩子和丈夫应该

赢得他人的尊重。

销售人员：他们赢得尊重，对你来说意味着什么？

回答者：我会被称作一位好母亲，一位好妻子。

销售人员：那么，你会从中得到什么呢？

回答者：这让我觉得自己很重要。

在阶梯型探知客户需求时，客户的自尊以及自我实现，是认知阶梯的最高一层。通过这种调研，我们开始确定客户真正在意的是品牌的哪些优势，客户所真正关注的是品牌的哪一部分。鉴于此，我们在进行故事营销时，就需要将客户最在意的部分，用最合适的情节来展开叙述。

6.4.2　对号入座四种有效情节

荣格学说研究者斯托弗·布克通过研究各类故事传说模式以及故事中的心理学含义，在其著作《七种基本情节：我们为什么讲故事》中，总结出最容易引起人们共鸣的七种故事情节，如图6-4所示。

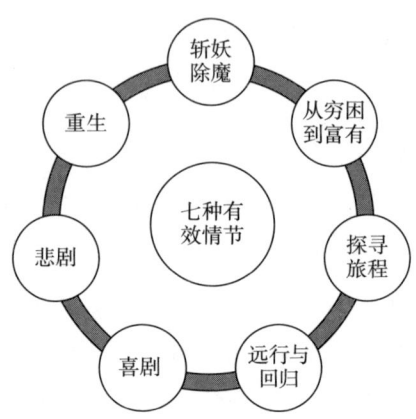

图6-4　七种有效情节

第6章 故事：卖点叙述六要素，轻松赢得客户心

1. 斩妖除魔

英雄发现某邪恶势力或敌对势力威胁到家乡或亲人，英雄积极与之作战，并最终斩妖除魔。比如，英雄人物珀修斯、忒休斯、007等；英雄主题的电影《星球大战》《饥饿游戏》《哈利·波特》《怪物史莱克》等。

2. 从穷困到富有

这种故事的情节套路一般是主角穷困潦倒，偶然机会得到权力、财富、伴侣，但又因为一些原因失去这些。最终主角从失去中得到成长，重新获得属于自己的财富。比如，《灰姑娘》《阿拉丁神灯》《大卫·科波菲尔》《王子与乞丐》等。

3. 探寻旅程

主角和同伴必须离开日常生活，去某个地方或某个社群寻找一个很重要的东西或人，完成很重要的任务。一路上经历千辛万苦，困难重重，诱惑满满，但最终化险为夷，并在这个过程中变得更成熟。比如《伊里亚特》《所罗门王宝藏》《指环王》等。

4. 远行与回归

主角因机缘巧合，被送到某个神奇的地方，进行了一番不一样的旅程。主角在旅程中会解决一些问题，战胜一些困难，最终回归。比如《奥德赛》《爱丽丝梦游仙境》《俄耳甫斯》《时间机器》《霍比特人》等。

5. 喜剧

故事的主角阳光而幽默，故事的结局圆满而皆大欢喜。故事的过程一般是天大的误会，有趣的外行努力完成不可能完成的任务，或者其他一些有趣的内容。比如，《仲夏夜之梦》《四个婚礼

和一个葬礼》《憨豆先生》等。

6. 悲剧

主角拥有角色缺陷，主角身上发生了很不幸的事情，并最终导致了主角的悲剧人生。比如《麦克白》《哈姆雷特》《卡门》《凯撒大帝》等。

7. 重生

主角从悲惨的失败中改变自己，重新夺回胜利的故事情节。比如《美女与野兽》《秘密花园》《培尔·金特》等。

这其中的故事情节中，最适用于故事营销的、能轻易俘获客户的只有四种情节。即斩妖除魔、从穷困到富有、追寻旅程与重生。销售人员使用这四种情节来构筑营销故事，具体做法如表6－1所示。

表6－1　四种情节构筑营销故事

情节	故事营销对情节的架构
斩妖除魔	客户想要看到产品要摧毁的"妖魔"是什么？想让产品为他们解决什么样的问题？你要明确这一点，并利用这一情节主线支撑你的营销故事
从穷困到富有	将一些成功人士或产品创始人的故事转嫁到故事营销中，展示出他们从穷困到富有这个过程中付出的努力、勤奋、智慧等，深刻挖掘其中的正面激励因素
追寻旅程	挖掘产品创造过程中的旅程故事，或者是销售人员自身经历怎样的事情，为何热爱这份工作等因素。这可以算是通过故事塑造个人或产品的形象，扩展影响力
重生	如果你的产品经历过艰难的时刻，又重新获得重生，这本身就是极好的故事营销。比如苹果乔布斯曾一度离开苹果，但他回归后，带领苹果走出了不一样的路子。这种故事情节很具有煽动性

第6章 故事：卖点叙述六要素，轻松赢得客户心

6.5 故事里的价值主张

每一个精彩的商业故事，都是围绕某个特定的价值主张展开的。例如，耐克的"Just Do It！（尽管去做）"；乐斯菲斯的"Never Stop Exploring（探索永无停止）"；雪碧的"Obey your thirst（满足你的渴望）"等。所谓独特的价值主张，就是整个品牌故事的核心价值观。它是一种目标明确的品牌信念，可以让目标群体客户、员工与品牌建立起联系。

关于品牌的价值主张，星巴克创始人霍华德·舒尔茨认为，通过独特的价值主张，客户能判断这个品牌只是口头上说一些事情很重要，还是真的对那些重要的事情花费心思。客户必须认识到你在坚持一些东西。

独特的价值主张并不是直接告诉客户买这个产品会有什么样的利益，而是客户自己去体验所感受到的与故事营销内容一致的核心价值观。品牌故事的构造以及运转要靠核心价值观来主导，并使人们相信品牌的核心价值观和信念。

在确立品牌故事的价值主张时，可借鉴美国广告大师詹姆斯·韦伯·扬提出的三点原则，如图6-5所示。

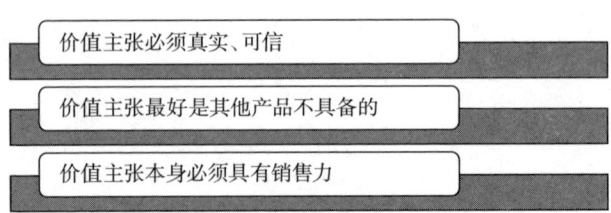

图 6-5 价值主张三原则

以卡迪那豌豆脆为例,如果这样设定价值主张,"好东西当然要与好朋友一起分享""特别香脆,味道好极了"等,这样的价值主张显然是缺乏说服力的。而豌豆脆的"舔舔手指,再来一袋!"的价值主张很显然胜在独特性、新颖性,在设定品牌价值方面更胜一筹。

一个好的价值主张通常是营销故事致胜的关键所在。营销故事所传达的企业品牌的价值主张是否能够真正满足客户的需求,是否能够引起客户的共鸣,决定了品牌的胜败。

6.5.1 价值主张的设计思路

李宁品牌的价值主张是要为年轻消费群体的梦想创造无限可能。"一切皆有可能"成为它一直以来的广告形象。而广告中故事情节的设置,也都是围绕着这句话来铺开的,凸显出品牌的形象。而同为运动品牌的耐克,则是基于客户的进取心、充满激情的运动需求,提出了"Just Do It"的价值主张。无论是设计风格,还是营销宣传、营销故事的创造,一切都在"Just Do It"的基础上展开。

那么,在讲述营销故事之前,如何设计一个品牌的价值主张?可参考这样七个方面,如图 6-6 所示。

第6章 故事：卖点叙述六要素，轻松赢得客户心

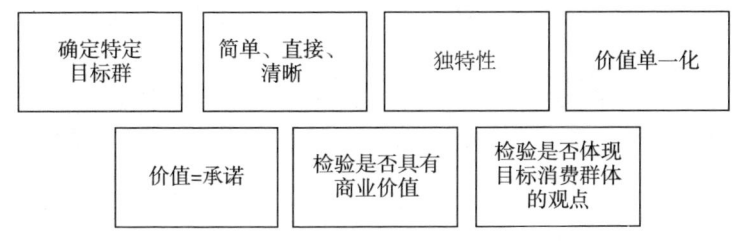

图6-6 设计品牌价值的七个方面

1. 确定特定目标群

一个品牌的价值主张不可能打动所有人。瞄准特定需求的人群，只为特定消费群体设置，这样更容易产生聚焦效应。

2. 简单、直接、清晰

简单、清晰、直接的价值主张，会使得目标消费群体立即就能领会品牌所传递的价值，迅速打动目标群体，提升品牌形象转化率。

3. 独特性

独特的价值主张，是让目标消费群选择你的产品而不是选择其他产品的重要原因。因此，在可能的情况下，应尽量提供独特的价值主张。

4. 价值单一化

产品的价值主张中，所体现的产品优点越多，就越是容易稀释重点价值，越缺少吸引力。好的价值主张往往只说一件事，只让目标群体记住一件事。

5. 价值＝承诺

价值主张与公司对目标群体的承诺，这两者之间是对等的关系，价值主张就是公司承诺的传递者。

6. 检验是否具有商业价值

价值主张在设计完成后，必须检验其是否能够达到帮助产品销售的目的。可以通过价值目标是否吸引到目标群体，两者之间是否一致来进行检验并改良。

7. 检验是否体现目标消费群体的观点

价值主张很显然是要体验出目标消费群体的观点，但是如果在表述方式上有问题，可能目标群体就不能从中强烈感受到其观点。例如，"让你梦想成真"与"让梦想成真"这两句，前者是站在公司或产品的角度，而后者则是站在客户群体角度，显然后者更为合适。

6.5.2 价值主张与客户共鸣

故事营销中，有效的价值主张能引发消费者的共鸣，使产品借助故事的力量迅速在同类产品中脱颖而出。品牌的价值主张一旦与客户心智中的价值观相契合，或者能对客户心智中价值观起到极大的影响作用，那么品牌的价值主张就会变得牢不可破，品牌的营销故事也就更加动人心弦。

从 2016 年 7 月起，迪奥设计总监 Chiuri 在设计时与当下流行的女权主义挂钩，加入千禧一代喜欢的元素。在 2016 年她穿着成为爆款的"我们都该是女权主义者"的 T 恤衫，这种价值主张当时也使得迪奥负评如潮。2017 年，在巴黎罗丹博物馆的迪奥秀场上，开场模特的衣服上便印着"为什么从来没有过伟大的女性艺术家？"这样的价值主张。在外界，迪奥的负面评价不但没有减少，反而比去年更加糟糕。

比如，纽约《时代周刊》一位权威编辑 Vanessa Friedman 评

第6章 故事：卖点叙述六要素，轻松赢得客户心

价道："到底什么样子的女权主义者（甚至包括那些千禧一代们）会想要穿着一件反光的马赛克图案粉色（或者蓝色）超短裙，外面再套着一件透明的开叉到腰线的薄衫短裙？"还有一些评论家甚至认为迪奥的设计会使品牌落入低级陷阱，迪奥品牌地位要大幅下降。

但与这些负面评价相反的是，奥迪的市场销售额节节攀高，2017年上半年度的财政收入报表显示，与2016年同期相比，迪奥的销售额从8.9亿欧元上涨17%，成功突破了10亿大关。

事实表明，在奢侈品市场，曾经最为重要的买手决策已经很难再左右客户的心智了，而以品牌价值主张为核心的品牌故事，才是品牌与客户建立直接联系的第一营销因素。能够引发消费者共鸣的营销故事价值主张使传统营销媒体都失去了曾经的影响力。

6.6 讲好一个故事必须绕开的"陷阱"

在戴安娜王妃逝世二十周年时，小说 *Imagining Diana* 诞生，它幻想戴安娜自 1997 年 8 月 31 日的巴黎车祸中生还，然后努力重建人生的故事。车祸后重生的戴安娜经常在"戴安娜王妃基金会"工作，她时不时地回伦敦看望儿子，还为奥斯卡获奖影片颁奖。她最终与美国超级富翁走到了一起，过着美好的生活。

可以说，关于戴安娜车祸后重生的虚构故事，的确感动了很多读者。这也从另一个角度说明，戴安娜在世时，她对自我形象的"品牌营销"是相当成功的，以至于在二十年后，人们依然怀念她。一位知名媒体人在评价戴安娜时曾说："她能成为世界级名人，是因为她的真实。不过，当她意识到媒体是可以操纵的时候，就摆出了一种女性主义的姿态，按照自己的意愿讲述故事。"戴安娜的自我品牌塑造之所以成功，一是本人故事的真实性；二是正面因素远远多于负面因素，甚至可以说她的形象塑造几近完美。

在进行品牌故事营销时，如果不想让品牌毁在故事上，那么，就要避开品牌营销的陷阱，诸如事实与虚构不符、负面因素使得故事不能自圆其说等陷阱。你需要把握好真实与虚构的边界，尽量清除品牌的负面因素，使故事化的品牌"零缺陷"。

第6章 故事：卖点叙述六要素，轻松赢得客户心

6.6.1 划开虚构与事实的界限

美国俄亥俄州大学研究员梅兰妮·C·格林与其同事莫西·C·布鲁克，通过对故事与大脑关系的研究发现，读者如果投入一个动人心弦的故事之中，大脑会沉浸其中而忽略现实，大脑的信念系统会被"转移"，倾向于跟着故事的论点走，大脑很难意识到故事里的论点与现实之间是否存在一定的矛盾冲突。简单来说，如果一个人一定要相信故事，那么他就很难区分出故事中虚构与事实的区别。

聪明的销售人员善于利用这点，使得品牌故事通过戏剧化的虚拟与夸张，尽可能地扣人心弦。要知道，在精彩的品牌故事里，人们会设身处地站在品牌的主角立场上，感同身受品牌主角的故事与情境。

但是关于这一点，存在一个巨大的陷阱。营销故事必须基于现实，尽可能真实。如果越过了真实的界限，可能在短时期内会获得极好的营销效果，但是一旦被揭穿，品牌形象便不复存在，更难以获得重生。

试想，如果赛百味的形象代言人贾里德在吃赛百味成功减肥245磅后，仅仅在一年之内，体重出现极大的反弹，无疑，赛百味"健康减肥"的论点无论如何都是站不住脚的，赛百味等于自砸招牌。

当你启动故事营销时，你的故事与品牌就已经开始进入公众的潜意识。公众的潜意识如果发现自己被假故事骗了，就再也不会相信品牌了。因此，营销故事可以虚拟，但是，这种虚拟需要建立在真实的基础上。真实才是品牌营销的内核，虚拟与渲染应

把握好一个度，兜售谎言的品牌是没有未来的。

6.6.2 清除不利的负面因素

故事营销并不仅仅是讲完一个超级卖座的故事就能解决一切问题的。在讲述故事期间，或者故事讲完后，如果品牌的主角发生了一些绯闻或者丑闻，或者品牌因为某些因素给客户造成了一定的损失，等等，那么，这些负面因素就都会影响到品牌故事的讲述效果，影响到后期市场的营销额。

当然，也有一些例外，就是当品牌的正面影响力远远大于负面事件时，或者负面事件并不足以构成威胁时，品牌营销的故事就依然可以继续发挥其应有的效果。比如一些影响人类或社会进程的名人，偶尔也会爆出一两个负面绯闻，但是这些名人在人们心中的完美形象并没有受到太大影响。当然从营销的角度来说，品牌营销还是要尽量避免负面消息，当负面消息无法避免时，最好能及时采取措施，化负面为正面。

我们仍以赛百味为例，在推出贾里德减肥故事十年之后，品牌故事主角贾里德的体重确实反弹了，但却不太离谱。这当然是一件负面的事情，但赛百味的故事营销还是很高明的，他们请专业人士帮助贾里德训练体力，并让他参加纽约马拉松比赛。这使得贾里德这位品牌故事主角有了一套全新的品牌故事叙述方式。同时，这种高强度的训练也使得贾里德重新瘦回来。

可以说，在品牌故事的影响力不断扩散的过程中，销售人员反应敏锐，及时洞察不利的负面因素，并第一时间将其消除，或者转化为正面因素。

第 7 章

信任：
如何用卖点赢取客户的信任

营销大师乔·亚伯拉罕说过一句很经典的话："销售的本质就是信任，这是客户购买你产品或服务的唯一理由，也是客户购买你产品的充分必要条件。"信任是链接卖点与客户的最短途径。一般情况下，客户在初次接触产品或销售人员时，或多或少都会产生不信任感。销售人员只要准确评估客户的信任生态系统，采取积极行动，在细节处用心，信任红利就会源源不断地涌来。

7.1 卖点营销的本质是信任

为什么强生公司因为一瓶药水出问题，不惜损失几个亿也要召回所有的该批次药品？为什么京东要自建物流来保障消费者第一时间收到产品？为什么360无论如何都要从免费开始来赢得客户？

是信任！无论他们采取的是怎样的营销策略，都是为了获取客户的信任。在经过互联网营销的多重洗礼后，一些营销手段的质量明显下降，再加上产品同质化严重，消费者经常面临选择困难，不知道该信任谁。而此时，信任营销则成为营销中的突破口。信任营销以获取消费者信任为出发点，对旧的营销模式进行颠覆。

信任营销模式呈倒三角状态，在信任营销模式下，40%的时间用于建设与客户之间的信任，30%的时间用于对客户需求的精准把握，20%的时间来帮客户了解产品、体验产品，10%的时间用于营销的结束环节。

信任营销按照层级来说，对企业的信任是最为根本的信任等级，这种信任包括对企业的品牌、技术、质量、服务等的信任；对销售人员的信任是信任的深化层级，销售人员的形象、人格魅力、专业、动机都会影响到消费者的信任度；对产品的信任则是最高的信任层级，客户会成为产品的忠实粉丝，并愿意与身边的人分享产品，为产品创造口碑，如图7-1所示。

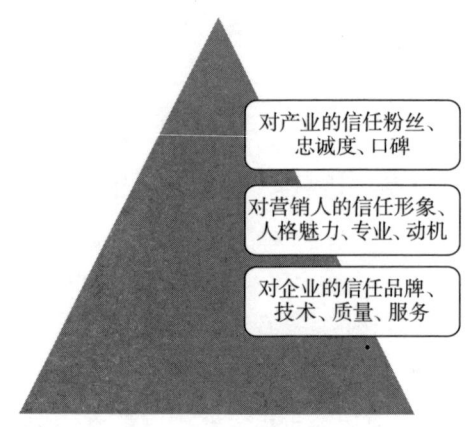

图7-1 三层信任营销模式

这三个层级的信任营销方式并不是孤立存在的，客户对一种产品的信任的起始，源于对产品背后的企业的信任；而销售人员的形象、人格魅力等因素，一旦趋向于积极，会在某种程度提升客户的信任度；当客户通过参与、体验以及不断反馈等环节，对产品上瘾时，客户就会成为产品的忠实粉丝，帮助产品传播口碑。

7.1.1 不信任→认可→信任

任何商业模式营销一开始并不一定会被客户认可，甚至很多客户一开始都会持怀疑、否定的态度。事实上，客户越是怀疑，越不敢尝试，越是一种机会。销售人员可以用信任营销打消客户的顾虑，使客户从不信任到认可，再从认可到信任。我们以360为例：

第7章 信任：如何用卖点赢取客户的信任

360以信任营销获得了大批的粉丝客户。事实上，360的信任营销源于客户对360的不信任。在2011年下半年，有很多客户向360反映，说"360安全浏览器变得越来越不安全"，客户通过360浏览器对其他网站进行访问时，经常发生个人信息的泄露、被盗等情况。

360安全浏览器的核心技术理念是"安全"，360在经过大量的调查后发现，客户反映的多数问题并不出在360安全浏览器上，而是出在已有的搜索引擎上。360安全卫士、安全浏览器等的功能是查杀病毒、木马、钓鱼网站，但一些不良网站伪装成搜索引擎搜索的网站结果出现，使得当时的360安全浏览器无法识别。譬如一些客户因搜索药品网站，中了假药网站的陷阱，他们也认为是360安全浏览器的错。

面对信任危机，360并没有采取向公众解释的方式来撇清责任，而是巧妙地化危机为转机。之后，360迅速推出了自己的搜索引擎，并得到了当时国内搜索引擎市场10%的份额，也就是说360再次获得了客户的信任。

360在营销模式上是典型的"免费"营销模式，表面上是以免费来增加客户黏性以便开发更多的客户，实际上，这种方式更多的是"信任营销"。客户一旦免费使用360的产品后，就会发现这款产品体验感很好，更加信任该产品。当然客户也会有一些反馈，360会根据反馈不断升级迭代，以满足客户不断变化的需求。

比如，360根据客户的使用习惯和需求，推出新的服务。"手机助手"就是一个典型的例子，它将客户对360PC桌面服务的信任，延续到智能手机端。当客户在使用过程中发现自己越来越离不开这款产品时，客户忠诚度就大增，这是对产品最好的信任。

7.1.2 高标准服务赢得高信任度

如今,客户在购买产品时,已经不再局限于产品本身,而是更加注重产品服务。销售人员所承诺的产品质量保证、服务态度和服务效率,已经成为客户判定产品质量、决定购买与否的重要条件。好的服务可以提高产品的竞争能力,赢得客户信赖,产生口碑效应。

产品的服务按照阶段来划分,可分为售前服务、售中服务和售后服务。在售前服务阶段,客户的体验值取决于能否给客户提供各种技术咨询、产品介绍、导购服务、迅速报价、容易联系等;在售中阶段,客户的体验值取决于产品销售过程中,销售人员是否热情接待,是否为客户精心挑选产品,是否能够打消客户对产品的各种疑虑,是否做了操作使用的示范表演,以及客户对产品的体验感觉等;在售后阶段,客户的体验值取决于是否能够及时快速送货,产品的安装、维修、定期保养、质量担保等是否能够解除客户的后顾之忧。在电商平台,服务也是客户体验最难做好的一部分。

销售人员只有将服务摆在第一位,服务到家,客户才会心满意足,才会去购买、使用你的产品,进而对你的企业产生强烈的信赖心理。

说起对客户的服务态度,人们第一时间想到的就是"海底捞"。海底捞的服务是典型的极致服务。海底捞的现场服务内涵主要包括两方面:常规服务和超期服务。

在常规服务部分,包括仪容仪表、礼貌礼仪、招待技巧、应知应会等方面的内容。主要内容如表7-1所示。

第 7 章　信任：如何用卖点赢取客户的信任

表 7-1　海底捞常规服务部分内容

常规服务项目	内容
七句敬语	您好、请、谢谢、对不起、没关系、欢迎光临、再见
服务标准	五声四勤。五声，即迎声、答声、谢声、歉声、送声；四勤，即眼勤、嘴勤、手勤、腿勤
服务心态	开朗、热情、有活力、乐观、大方、不拘谨、不扭捏、表里如一
基础服务	以客户满意为前提，认真服务，操作流程不漏项、不掉项
常规服务	1. 发毛巾时，面带微笑，热情大方，称呼得体，按次序发放，保证热毛巾的用量和质量 2. 保洁人员也要以友善的话语表示欢迎，如您好，小心路滑等 3. 送柠檬水、汤、豆浆的人员要保证汤、豆浆 80℃ 以及食品质量、卫生 4. 随时供应汤、豆浆、柠檬水，确保客户区域随时到位、无短缺

海底捞的超值服务的目的是感动客户，主要有这样几种：管家式服务、亲情式服务、顾问式服务、情景式服务、保姆式服务等。

超值服务还表现在客户进店后方方面面的细节上。比如，在客户到齐的 10 分钟内，要准确分辨出顾客身份，以管家式的周到细致来照顾宾客，提高顾客身价；对于那些行动不便的顾客，服务人员要第一时间帮忙推轮椅；顾客如果酒醉呕吐，服务人员除了要马上清扫外，还要帮助顾客清理污物或端送凉开水；帮助客户搜集庆典资料，制作光碟，现场直播；帮助客户查询列车时刻表；在客户过生日时，给客户一些大大的惊喜；顾客的小孩哭闹时，给他适合的玩具，哄他开心；等等。

这些细节方面的超值服务，都能给客户带来极好的体验，客户的忠诚度也会随之增加，相应地，销售利润等也因客户的信任而提升。

好的销售都会找卖点

7.2

评估客户的信任生态系统

在一个炎热的夏天,你在某地旅行。你发现身上带的食物和水都用完了,又渴又累,想找个地方吃点东西,凉快凉快。此时,你发现前面小巷子里有一个小餐馆。餐馆的门脸很小,餐厅里的卫生也很差,苍蝇嗡嗡嗡,地面和桌面都不太干净。你会选择这家餐馆吗?餐馆的老板娘是一位饱经风霜的中年妇女,围裙上污迹斑斑。此时,你相信这家店的卫生吗?你又如何判断这家店值不值得信任?你会坚持继续寻找,直到找到一个你认可的店铺吗?

也许,你又走了一段时间,找到了一家肯德基。空气里散发着独特的炸薯条的味道,餐厅里明亮而温馨,桌面整洁干净,地面没有一点食物的碎屑,温度也调得刚刚好。服务员妆容精致,衣着干净得体。这时,你会拒绝这家肯德基吗?你肯定不会,你肯定会找一个靠窗能看到外面美景的位置,大快朵颐一顿。你为什么会选择肯德基?你又如何判断肯德基值得信任?你为什么不怀疑肯德基的食品问题?

很显然,你对两者的信任度是不同的。正如自然界存在的生态系统一样,社会中也存在信任系统。你是否信任某人或某件事情,往往会参考周围环境、他人评价、事件主体、当事人态度、

第7章 信任：如何用卖点赢取客户的信任

品牌知名度等因素来综合判断。这些因素决定了你的信任等级的高低。

信任感可能来自任意一种影响因素。比如，你一向信任一家做餐厅评论的网站，你会根据网站上对当地餐厅的评论等级来选择信任哪家餐厅。当你经过一次美妙的尝试，并得到心理上的满足后，你会更加信任该网站所推荐的餐厅。但是也有例外的情况，如果是一位朋友向你推荐他发现的一家美食小店时，你可能也会进行尝试，如果尝试带来了美好的体验，你照样对这家小店产生信任感。

那么，对于具体的产品或服务来说，是哪些因素在信任生态系统中扮演了举足轻重的地位？如何才能将这些能够带来信任感的因素注入你的产品与服务之中？

7.2.1 评价客户信任感的六要素

人类学家简·奇普赛斯在对信任生态系统的研究中，提出了信任的层级机构，并建议销售人员从这六种结构中，研究产品或服务获得客户信赖的秘密。信任的六个层级，如图7-2所示。

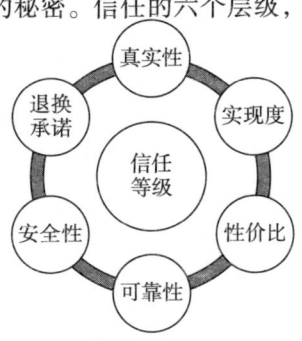

图7-2 信任的六个层级

1. 真实性

真实性指的是产品所描述的功能、效用、外感等各个方面均具备真实性，尊重事实，不夸大其词。

2. 实现度

营销时产品承诺有什么样的效果，达到什么样的目的，等等，售后都要能根据承诺一一实现。客户是不会对那种食言的产品与服务产生信任的。

3. 性价比

性价比指的是产品的质量与价格的比值。性价比高的产品会让客户觉得很划算，值得拥有，不会被骗。

4. 可靠性

可靠性高的产品一般来说是可持续使用的，人们满意它的表现，希望每天或经常可以用到这种产品。

5. 安全性

对自己或他人的身心造成不良影响的产品，不会获得客户的信任。

6. 退换承诺

退换承诺是一种使用之后的保障。企业可以明确表明，如果产品有破损或与描述不符等情况，可随时退换。

我们仍旧以本节开始的例子来说明这一问题，假设客户根据信任六要素来评价小巷里的餐馆以及肯德基，他们的信任逻辑如表7-2所示。

第 7 章 信任：如何用卖点赢取客户的信任

表 7-2 小巷餐馆与肯德基信任六要素对比

小餐馆	真实性	交易划算吗
	实现度	顾客人数少，地方偏僻，没有迹象表明这家餐馆的美食很诱人
	性价比	性价比一般，价格低，但品质一般
	可靠性	吃饭时间段客人少，说明回头客也少，可靠性差
	安全性	店内卫生太差，食品存在安全隐患
	退换承诺	如果吃一次坏了肚子，大概不会退换，但再也不会光临了
肯德基	真实性	这是公平的交易吗
	实现度	你点的餐是否从来没有出错过
	性价比	这份套餐到底值不值 35 元
	可靠性	客流量大，品牌知名度高
	安全性	当你就餐时，纸杯可乐会不会洒，食品是否有安全保障
	退换承诺	如果你感觉汉堡里肉的味道不对，服务员会不会给你换一份或退给你钱

从两者的标准对比来说，肯德基一直是人们值得信赖的品牌，知名度很高。这种金字招牌为你省去了很多担忧和顾虑。你在每一次完美的体验后，就越发会信任这个品牌。

7.2.2 将信任注入产品与服务之中

爱德曼咨询公司曾针对客户信任度做过一项调查，结果显示：

当客户信任一家公司时，有 51% 的人，仅仅听说过一两次关于这家公司的正面消息，就乐意去信任它，相信信息绝对是真的；只有 25% 的人愿意去相信这家公司的负面消息而非正面消息。在相反的情况下，客户不信任这家公司，有 57% 的人相信关于该公司的一些负面消息，而只有 15% 的人会相信关于该公司的正面消息。

可见，信任是一家公司、一个品牌的重要资产，如果失去信任，公司或品牌会面临灾难性危机。因此，了解客户的信任系统是如何运转的，以及有哪些积极因素可增强这种信任系统，这是销售人员必备的能力之一。

在信任度高的消费系统中，销售人员可以通过突出真实性、实现度、可靠性和退换承诺这四方面信任要素来获得客户的信任；在信任度低的消费系统中，销售人员需要向潜在客户证明自己和自己推销的产品都是值得信赖的，此时，可以尝试一些不言自明的信任广告，给客户尝试的机会。

以淘宝网的崛起为例，马云创建淘宝之初，eBay 是当时的电商老大。如果淘宝跟随其商业模式，那么很自然地会降低淘宝在客户心智中的定位，甚至整个公司都会因随波逐流而垮掉。

马云对市场环境进行了分析，认为客户对网购处于信任度极低的生态系统中。在这种情况下，如何证明自己，如何获取客户的信任，是公司发展的第一要务。于是，淘宝对网购的一套收费体系进行了颠覆，全面开启了免费模式，对买卖双方都免费，而且还创造条件让买卖双方沟通更顺畅。

淘宝在使用免费的商业模式后，很多卖家都来开店，毕竟是免费的，不开店白不开。很快，淘宝的商品开始丰富起来，买家自然而然也被吸引过来了。为了使买卖双方交易更顺畅，淘宝还创新了支付手段——支付宝，客户用它支付相当方便，这也为客户创造了价值。

淘宝通过这种给客户免费尝试、免费体验的机会，使得公司发展壮大，并最终完胜 ebay，成为网购巨鳄。

第 7 章 信任：如何用卖点赢取客户的信任

7.3
建立客户对你的好感

在生活中，经常会出现这样的情景：

一些公司的销售人员循规蹈矩进行网络宣传，通过多种途径开发客户，获得了与某些客户会面的机会。销售人员在约定的时间地点，拿着相关资料与客户洽谈。销售人员满怀热情，他充分相信自己的产品能为客户带来好的解决方案，他认为他能够为客户提供最佳的产品与服务。但是，当客户提出一两个比较棘手的问题时，销售人员的回答却显得有些嗫嗫嚅嚅，此时客户迅速放弃了与销售人员的合作，转而投向另一家产品类似的公司进行合作。

这是为什么？在产品质量相差不大的情况下，客户对哪位销售人员的印象比较好，就倾向于同哪家公司合作，这就是客户好感度在起作用。那么，在和客户沟通中如何提升好感度，以获得客户的充分信任呢？美国著名营销大师科林·斯坦利认为，受欢迎的人具备四个特点，如图 7-3 所示，并建议销售人员多问自己这样几个问题来检验客户好感度：

（1）真实：你为人真实吗？是否能够在销售过程中展现出一个自信而真实的自己？

（2）同理心：你有没有经常试图理解客户的观点，聆听客户

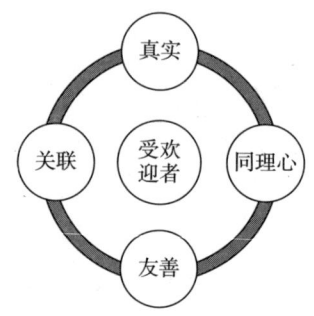

图 7-3　受欢迎者具备的四个特点

的见解与想法？

（3）友善：你是一个随和的人吗？你的脸上经常挂着微笑吗？你喜欢与人交往吗？你对这个人或他的职业、生活感兴趣吗？

（4）关联：在营销角色中，你是施与者还是索取者？你帮助过客户吗？为了帮助客户你做了些什么？

销售人员如果能获得客户的好感度，就更容易赢得营销的机会，提升相应的营销份额。我们在接下来的小节中，详细阐述这四种好感度的提升方法。

7.3.1　真实而自信

一直以来，真实、自信被视为影响、说服客户的关键品质。但是在日常营销工作中，一些销售人员往往将这种关键品质抛诸脑后，而以一种华而不实的形象呈现在客户面前。他们在客户面前，侃侃而谈关于产品的诸多知识，用 PPT 演示产品的流程、质量等，不停宣传公司的产品有多好。他们试图给客户留下良好的印象，可事实上呢？

第 7 章 信任：如何用卖点赢取客户的信任

这种极力营造销售氛围、提升自我形象以及产品形象的行为，反而容易给客户造成不真实的感觉。客户如果觉得销售人员缺乏真实感，同样会对他的产品或服务产生抵触心理。

营销专家迈克尔·阿罗认为，真实这种品质的背后是自信与准备。"自信源于你已经准备好了。当你准备好了，你就能放松心态，做好你自己。"具体来说，你可以这样做：

1. 形象要专业

销售人员与客户见面的前 30 秒，客户就已经有了初步的论断：这个人看上去是否值得信赖。因此，销售人员在形象方面，应尽可能呈现出专业化的、让客户可以打消顾虑的形象。销售人员的穿着、衣服搭配，甚至带什么笔，拿什么本这些细节层面，都要呈现出一种值得信赖的形象。

2. 能力更专业

客户如何观察你的专业能力呢？一是你的提问方式。你的提问越具体，客户就越觉得你是专家。二是你的阅历。客户从你处理别人问题的角度去揣摩你的专业能力。因此，你需要在见面前就做好足够的准备，这样你能够以更加自信、从容的心态参加会面。这些专业化的准备包括：

· 日常学习本行业领域的领先知识，并能够灵活转化。

· 在会面前，将想要提问的问题罗列出来，问题尽可能具体化。

· 在商业网站联系客户，发出新闻稿或企业报告。

有一家著名企业想做一次咨询，于是找来两家咨询公司 A 公司和 B 公司。会议开始前，企业的一位决策人赵总提前到了会场。

这时候，A 公司的咨询人员一看大领导来了，马上凑上去套近乎。谈话的内容无非是春节去哪儿旅游了，孩子在哪儿上学了，等等。

但 B 公司的咨询人员则不然，他表现得足够专业，一句话就 hold 住了全场："赵总，我想请教一个问题，从我们公司的研究结果来看，一个公司要想成功，必须做到以下三条中的一条：要么是流程卓越，比如沃尔玛；要么是不断创新，比如苹果；要么以客户为中心，比如我们公司。贵公司的成功应该归功于哪一条呢？"

这位决策人立即对 B 公司的咨询员产生了信任感，有了先入为主的印象，B 公司在接下来的会谈中占尽优势。

所以说，优秀的销售人员必须事先做足功课，只有你准备充足了，才能更为自信，而这种自信会使你在客户面前显得更真实可信。

7.3.2 想客户之所想

高级营销调研主管戴维·迈耶和人力资源咨询公司 CEO 赫伯特·格林伯格于 2007 年 5 月在《哈佛评论》上发表了一篇《是什么造就了优秀销售员》一文，指出同理心和自驱力是优秀销售人员普遍的性格特质。所谓同理心，即感同身受的能力。作为销售人员，同理心是一种宝贵的能力，当销售人员设身处地为客户考虑的时候，可获得客户的有效反馈。

对于同理心在营销过程中的作用，戴维·迈耶和赫伯特·格林伯格巧妙地使用旧式弹道武器与新式寻热导弹之间的差别来进行解说。炮手在使用旧式弹道武器时，会先瞄准目标，然后根据风力大小和偏差进行修正，最后开火。这种武器的局限性在于，由于计算的微小差错，会导致发射角度发生微小的偏差，或者目标及时采取了躲避行为，这种情况下，发射出的导弹会偏离目标。而新式寻热导弹则不同，只要靠近目标，目标散发的热量就会吸引导弹，不管目标如何躲避，导弹始终能锁定并击中目标。

前者就好比是同理心弱的销售人员，虽然尽力瞄准目标，沿着自己的销售计划进行，但如果客户没有采取预期行动，销售就很难进行下去。而后者则好比同理心强的销售人员，能感同身受察觉客户的反应，不受预定销售路线的束缚，而是能根据客户反应调整销售节奏，从而完成销售预期。

情商越高的销售人员，越具有同理心，他们会站在对方的立场上，能最大限度理解和体察别人的情绪感受。他们可能会说："看得出你在面临这个问题时，比较沮丧。你肯定因为这个问题耽误了一些工作，这肯定让你觉得很无奈。"或者："你的感受，我懂。如果把供货商换成我们的话，肯定不会出现这样的问题！"

他们会先让客户知道，自己了解他的问题、他的感受。然后，在对客户面临的问题以及后果有充分了解的情况下，再提出适合客户的解决方案。

7.3.3 友善与关联

在《遗愿清单》这部电影中有一个场景：摩根·弗里曼和杰克·尼克尔森坐在埃及的金字塔上，探讨人生哲学问题。弗里曼谈到人的一辈子结束时，在上帝面前要回答这样两个问题：

（1）你的人生中有没有找到快乐？

（2）你的人生中有没有给他人带来快乐？

事实上，弗里曼提出的问题，也是我们每天在与客户打交道时应该思考的问题。友善与关联是获取客户信赖的有利条件。作为销售人员，你应该经常思考：你是否脸上经常挂着微笑，对自己的工作充满干劲，喜欢与客户打交道，乐于帮助客户？

阿里巴巴运营的核心理念之一就是"帮助客户"。马云将"帮助全世界中小企业发展"作为阿里的第一使命。马云作为B2O 工商界活动中小企业发展议题组组长，率先提出的 eWTP（Electronic World Trade Platform，世界电子贸易平台），成为《B2O 政策建议报告》中的中国主张。

马云说："eWTP 是一个民间的、企业驱动的平台，能够帮助全世界的中小企业，帮助每一个单个的个人参与全球经济，这是我们想要分享的全球经济。"

"我们也可以称 eWTP 是 eroad。原来有丝绸之路，现在我们叫电子之路、电子之道。在这个电子之路 eroad 上面，能够让全世界的中小企业、个人、年轻人自由畅通地进行贸易。"

"全球化应让 80％ 的中小企业受益。中小企业解决了绝大部分的就业问题，但它没有机会全球化，所以我们想通过建立一个新的机制，完善补充 WTO。"

帮助客户成就客户，就是成就自己。也正是这种理念，成就了阿里巴巴。销售人员也应以积极的心态对待工作，时刻将"帮助客户"看作是自己的使命，无论是产品还是服务，都从客户的角度出发，以帮助客户解决问题，使客户成为核心。客户成功了，销售人员自然而然也会得到业绩与利润。

第 7 章 信任：如何用卖点赢取客户的信任

7.4

诚实→动机→能力→成果

一个人决定每天早饭前和晚饭后去健身房健身。一开始还能够坚持，但是一段时间后，就开始找各种理由推脱，诸如工作太多，经常聚餐，需要辅导孩子作业，等等。这种破坏性的小事情多了，最后连他自己都不信任自己，也越发显得没有信心。而这种负面情绪与思维也使得他很难获得别人的信任。

其实，销售人员与客户的关系也是如此。如果销售人员缺乏足够的自信，没有采取让客户感到信任的行为，那么客户自然也不会信任他们。而这种不信任的后果，使得彼此之间都会付出"信任税"，随着时间的推移，或者随着不信任感的加剧，营销的红利就会被逐渐消耗殆尽。不信任一方面延长了客户作出购买决策的期限；另一方面使得客户转投其他品牌产品。而当销售人员或公司与客户之间彼此信任的时候，营销才能高效率运转，产生源源不断的红利。

美国潜能导师史蒂芬·M.R. 柯维提出了"信任的四个核心"的理念，如图 7-4 所示。

柯维认为，在构成信任的关系中，诚实、动机、能力、成果这四个要素缺一不可。其中，诚实与动机属于品格方面的因素，从销售人员与品牌的角度来说，需要时常反思：是否做到了言行

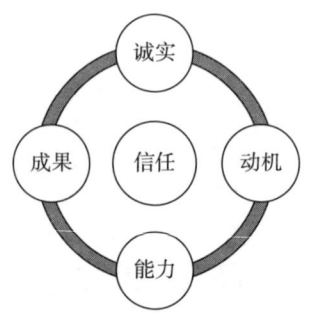

图 7-4 信任的四个核心

一致,为客户提供的方案是什么?能力和成果则属于才能问题,销售人员和品牌需要反思的问题是:能否帮客户解决问题,销售人员或品牌本身的资历如何?

诚实、动机、能力、成果这四个要素决定了信任的成效,信任上升,效率就会上升;信任下降,效率也会下降。那么,作为销售人员或品牌,如何从这四个方面来进行全方面提升,最大限度获取客户信任?我们详细来说。

7.4.1 诚实与动机

巴菲特说:"我用人的时候看重三个方面:一是个人诚信;二是聪明才智;三是充沛精力。但如果你没有第一个,那后两个会毁掉你。"诚实是品格的基础,无论是销售人员还是品牌,如果想获得客户信任,诚实是必不可少的品格。那么,如何提升销售人员或产品信守承诺的能力?不妨从以下几方面入手:

第一,不对客户做出超过事实本身的承诺。

第二,在做出承诺之前,请记住你的抵押品是"诚实"。

第三,当信守承诺变得很难时,销售人员或产品通常会面临

第7章 信任：如何用卖点赢取客户的信任

两种选择：改变行动来兑现承诺；降低对自己的要求，处于被动状态。第一种选择会增强客户的"诚实"印象，第二种选择会逐渐消灭客户对销售人员或产品的信任红利。

格力总裁董明珠曾坦言，中国某些企业就是因为不诚信，所以做出来的产品得不到客户的信赖。董明珠说："我认为很多企业的诚信是不够的。有的根本做不到，怎么能说是先进技术？用这个来欺骗市场，欺骗客户，让人怎么能认同你的工匠精神，怎么能认同你的产品？"在董明珠看来，只有在诚信为本的基础上，做好每个细节，给客户带去最满意的产品，客户才能越发信任品牌，信任品牌的销售人员。

对于销售人员或品牌来说，如果想在客户的心智中占据"信任"的位置，需要有一个正确的核心价值观，明白为什么要去坚守这种价值观，这也是动机所涉及的问题。

如果销售人员或品牌最初的动机只不过是为了赚取更多的利润，就会导致在整个营销过程中不关心客户的利益，甚至忽略客户的利益。这种动机显然不会得到客户的信任。销售人员或品牌只有以客户需求为基础，从客户的利益出发，才能获得客户的信任。

在阿里巴巴的"六脉神剑"价值体系里，"客户第一"与"诚信"都在其中。从员工与客户关系的角度来说，两者是相辅相成的，诚信的对象是客户，员工对客户坦诚以待，则证明员工将客户放在了第一位。

在阿里，价值观并不是空喊口号，公司所有员工都必须对其有正确解读，明白公司提倡什么，反对什么，哪些行为加分，哪些行为减分甚至要被开除。举例来说，不做虚假记录就是阿里巴巴关于诚信价值观很具体的一条解读。

阿里巴巴有一个非常优秀的销售人员，他服务了上百个客户。阿里巴巴规定销售人员要定期对客户做回访，且要有回访记录。这位销售人员很机灵，他觉得每个月回访一百多个客户太累了，于是，他就在CIM系统里面随意编造了一些不存在的回访记录。阿里巴巴的"品控"抽查时，给客户打电话询问客户一些问题，其中就有关于回访的问题：几月几号某某经理有没有来过？客户们的回答很一致：没有来过，那天刮台风，多数公司都放假了，他肯定没来。销售人员这种虚假拜访行为，就是典型的不诚信，在阿里巴巴属于一类过失，除了开除没有任何商量的余地。

有的情况下，员工对客户进行过度承诺，简单来说就是忽悠客户。比如，销售人员对客户说："您和我们合作，今年稳赚百万是没有任何问题的。"这种行为在很多公司都很常见，甚至有的公司根本不重视，反而为了拉到单子、获取丰厚利润，纵容员工的这种行为。而阿里巴巴将这种行为也纳入不诚信的范畴，这样的行为同样触及到了阿里巴巴的高压线，属于一类过失，不给任何机会，直接开除。

这种对诚信价值观的坚守与执着，一方面塑造了阿里巴巴员工诚信的品质；另一方面，成就了阿里巴巴的品牌魅力。阿里巴巴也因此获得客户的极大信任，迅速成长为电商巨头。

7.4.2 能力与成果

销售人员以客户需求为导向，很有诚意地打造产品或品牌，为什么客户还是不买账？此时，销售人员该反思的就是信任要素中的能力与成果了。

能力能帮助销售人员或品牌提升自信，同时也提升了客户对

第 7 章 信任：如何用卖点赢取客户的信任

销售人员或品牌的自信心与信任度。例如，你是一位人力资源主管，你需要招聘一名顶尖技术人员。你是愿意招聘一名完全不懂业务的新手，还是愿意招聘一名熟手？当然是熟手更容易获得你的信任。同样，客户对销售人员或品牌信任的前提，就是销售人员或品牌所展示出来的能力。从销售人员的角度来说，我们用TASKS 描述能力，如图 7-5 所示。

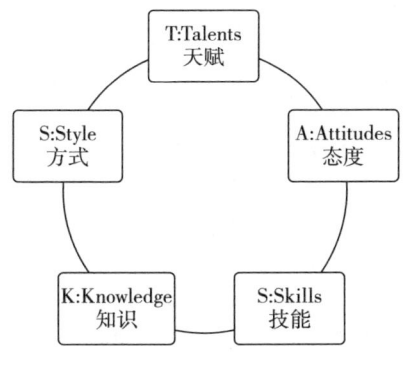

图 7-5　TASKS 描述能力

从这五点可以看出，一位销售人员如果想提升自己的能力，必须听从内心的召唤，尽可能发挥优势，还要有正确的方向，在专业或相关领域付出"一万小时"的努力，才能成为一个因能力而自信的人，也才能迅速获取客户的信任。

在信任的四种要素中，成果一方面是指实现承诺的结果，另一方面是指阅历、经验与预期。此外，如果销售人员对于承诺的事情无法完成，无疑就降低了客户的信任。如果销售人员能积极完成所承诺的结果，就会在客户心目中迅速树立起一种正面形象，令客户的信任感大增。

比如，一位销售人员承诺客户，公司会在下午送货上门。此时，他表现出了足够的诚信，看上去也的确是全心全意为客户着想。但是到了下午，因为公司的送货员配送错了地址，导致货物没有按时送到，此时，客户最初所建立的信任感明显降低了。

从另一方面来说，客户在评价销售人员的时候，通常会通过三个方面来评价销售人员的成果：一是看他过去的经验与阅历，比如过去做成过多少这样的单子，取得过怎样的成果；二是看他现在的表现，目前的情况如何；三是对销售人员的预期，认为他将来会做出什么样的成果。

虽然不建议销售人员在客户面前夸夸其谈关于自己过去、现在的成果以及未来的计划，但是可以通过"借力"的方式，即通过公司的销售报告、产品报告或第三人称赞的方式来不露声色地展示成果，获取客户的信任。

第 7 章 信任：如何用卖点赢取客户的信任

7.5

最能吸引客户的往往是容易被疏忽的小细节

一次，威尔逊全家入住一家破烂的旅馆，这家旅馆不仅收了他们夫妻6美元，而且还收了他们5个孩子每人2美元，由此，威尔逊创办了第一家假日酒店；查理斯·詹姆斯不经意将弹簧掉在地上，结果发明了会走路的玩具"机灵鬼"；吉姆·德尔基于自己组织笔记的方法，发明了口袋笔记本……

这就是细节的魔力，最容易打动客户的往往是容易被忽略的细节。

从营销的角度来说，细节营销可以说具有两个方面的内涵：一方面是产品或品牌的细节营销，在细微处打磨，更容易获得客户的信任；另一方面是销售人员在营销过程中所呈现出来的个性化细节，由此所产生的信任影响力，如图7-6所示。

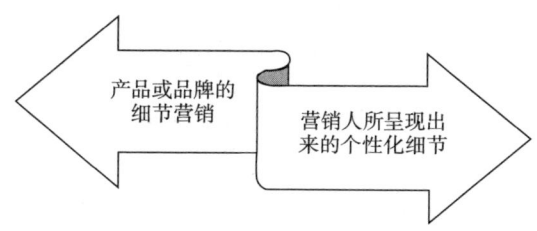

图7-6 细节营销内涵

从产品或品牌的细节营销来说,在销售过程中,经常会出现这样一些情景:刷完卡就看不到销售代表的踪影了;客服系统需要极大的耐心才能打通;产品活动信息冗长却模糊;关于产品卖点千篇一律的回复……客户在消费产品的过程中,无法获得好的体验,觉得与产品或品牌"无法沟通"。如果客户在消费产品的整个过程中能获得良好的体验,客户更容易与产品"沟通交流",那么,客户就会因为了解且喜爱这种产品,从而对产品产生一定的信任。

从销售人员营销过程中的细节来说,着装上的细节、肢体语言透露的细节、言辞之中的细节、知识储量的细节等,都会影响到客户的信任度。

7.5.1 品牌营销,细化、细化、再细化

产品或品牌的细节里藏着魔鬼。如果品牌营销能够细化、细化、再细化,持续改进客户与产品、品牌之间的沟通,就能极大地增强客户对品牌的信任。

美国消费者行为经济学专家迈克尔·R·所罗门曾经说:"把消费者当人看,而不仅仅是消费者这一身份。"即站在消费者的角度,去研究人们对于产品或品牌究竟有怎样的偏好。品牌的细化是基于对"人"的理解和尊重。没有人喜欢看厚厚的说明书,没有人愿意为购物而学习专门的知识,没有人喜欢毫无回应感的客服。如果遇到这样一些情况,人们的直接反应就是"逃离",而不是信任与喜爱。

那么,品牌如何在细节方面与人们沟通,才能不断在客户的反馈中创造价值、提升价值?一般来说,产品或品牌可以从外包装、材质、感官、功能、体验性、参与度等细节来进行细化。我

第7章 信任：如何用卖点赢取客户的信任

们以日系便当与常见的外卖对比来举例说明：

如果问一些人：7-11、罗森、全家这样的日系便利店的便当更干净，还是连锁餐厅的外卖更干净？人们会理所当然地认为便当比外卖干净。为什么会有这种感觉？

在这些日系便利店里，便当所呈现的观感是不亚于口感的一个考虑因素。便当的配菜，肉类有大块鸡排、鸡腿、牛排、三文鱼等，蔬菜的配菜，多是水煮西蓝花、胡萝卜，整个便当看上去有红有绿、丰盛又漂亮。这些便当在包装上也很费心思，譬如用纸板挡住菜肴一部分，以呈现完美的效果图。

而与便当同价位的外卖，则明显在细节方面考虑不周。多用薄薄的透明塑料盒包装，有的商家会在容易漏洒的菜品外缠上厚厚的保鲜膜。外卖通常是米饭一个盒，菜一个盒。菜的色泽一般偏暗，且不讲究摆放方式。从外包装到菜品，虽然真材实料，但显然比便当逊色了不少。

当产品或品牌从客户所关注的细节处用心，给客户美妙难忘的体验感时，就会轻而易举地俘获客户的心，使客户愿意与品牌建立信任关系。

7.5.2 最容易引发信任的交往细节

当你在销售中遇到信任危机时，某些"身体语言专家"会建议你以强势的身体语言增强自身的气势，暗示对方你是多么经验丰富又做出过重大业绩。

这个细节化的建议可行吗？当然不可行。这样做，不但无法获得客户的信任，反而会失去客户仅存的一点点信任。客户并不喜欢和一个过于强势的销售人员打交道，这种气势使他们觉得对方就像"狩猎者",会在潜意识中将此人归入"敌人"行列。他们的大脑"杏仁核"会遵从原始的防御或逃跑的法则,对销售人员产生怀疑、抵触心理。

出于信任的本能,他们更需要一位像朋友那样能够帮助他们、平易近人又包容大度的销售人员。事实上,销售人员如果能够注意并做到以下一些细节,就能轻而易举获取客户的信任,如图7-7所示。

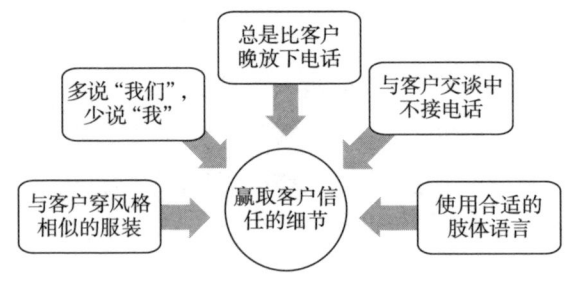

图7-7 赢得客户信任的细节

1. 与客户穿风格相似的服装

销售人员最好依据客户的性格推测客户的着装风格。销售人员在见客户之前,着装与客户风格一致,只需要一点点反差,不要有大的反差,否则会拉大彼此间的心理距离。比如,客户西装革履,但没有系领带,你也可以采取这种着装,可打上领带与客户有略微区别;客户如果喜欢穿T恤衫,你可以穿休闲衬衣或其他T恤衫等。

2. 多说"我们",少说"我"

在谈话过程中,多用"我们"这个字眼,给客户一种心理暗示:客户经理和客户是在一起的,是站在客户的角度想问题,客户会觉得多了几分亲近。但如果用"我"这个字眼,无形中会扩大彼此的距离感。

3. 总是比客户晚放下电话

有些销售人员习惯说:"李总,没什么事我先挂了。"但事实上,永远比客户晚放下电话,才更体现对客户的尊重与信任。

4. 与客户交谈中不接电话

作为销售人员,电话会比较多。大部分销售人员在接听电话前,会形式上请求客户允许,虽然多数客户会表现得很大度,但在心里也许会犯嘀咕:"好像电话里的人比我更重要,为什么他会讲那么久?"彼此的距离感一下子就出来了。所以,销售人员在会见客户的过程中,最好不接电话,等会谈完毕后再打过去。

5. 使用合适的肢体语言

在非语言的细节中,"将双手交叉,放于腹部位置"这一细节化的肢体语言能帮你搞定客户。你可以尝试这样做:身体站直,双手手掌轻轻交叉,自然放于腹部位置。此时,你的呼吸更加平稳,感受上趋于冷静、集中、克制、沉稳,身体充满能量。这是为什么呢?

因为腹部是很重要的一块区域,当人们进行腹式呼吸时,可以迅速平静下来。腹部肚脐这一中心点被称为丹田,与肾上腺有直接联系。肾上腺位于肾脏顶端,在人们面对进攻或逃跑的压力时,会释放荷尔蒙调解人们面对压力的反应。当你有意识地将双手交叉放于腹部时,你传达的是"我们身处一个安全环境"的信号,这令你以及客户都会感到平静而放松。

你的行为会随着这种身体信号的改变而发生改变,说话的音调更为平稳动听。这一简单的小动作使你变得自信、沉稳、专注、理智、机智,能帮你轻而易举获得客户的信任。

7.6 公开透明化卖点的不足之处

在传统的营销思维里,销售人员向客户传达卖点时,多是极尽渲染之能,将产品说得十分完美。但是,在这样一个过度信息化的社会,客户逐渐对这种营销手段产生了一定的免疫力,变得麻木不仁。

但是,如果换一种思维,当自己的产品技不如人、自带缺陷、处于劣势时,从产品的劣势或缺点出发来销售产品,以逆向思维来解说自己的产品,不掩饰缺点,巧妙地说出产品的局限性,反而能将缺陷转化为吸引客户的大卖点,更容易获得客户的信任,从而达到意想不到的效果。将产品的局限性或者缺点打造成卖点,需要一定的技巧,这里介绍两种典型的方法,如图7-8所示。

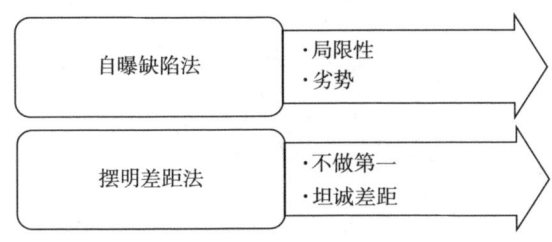

图7-8 将缺点转化成卖点的方法

第7章 信任：如何用卖点赢取客户的信任

1. 自曝缺陷法

人与人在相处的时候，如果彼此能够敞开心扉，坦诚告知对方自己的缺点与不足，双方反而更容易产生信任。这一法则在营销领域同样适用。销售人员可以寻找同类产品的细节化差异，将自己产品的"局限性"与"劣势"转化为优势。产品的局限性是无法避免的，但是如果这种局限性能够体现出产品的差异化，体现出竞争对手难以实现的产品特征，那么，产品的局限性同样也可以转化为一种营销优势。

2. 摆明差距法

当同类产品中的一些品牌已经占据客户心智后，如果你继续推出同类产品，几乎很难有胜算会赢得客户的信任。这种情况下，不妨反其道而行之，承认与品牌产品的差距，将自己的产品摆放在合适的位置，这种策略更真诚，更容易使品牌获得客户的信赖。

7.6.1 局限性背后的利益

产品的局限性是无法避免的。但是如果这种局限性能够体现出产品的差异化，体现出竞争对手难以实现的产品特征，那么，产品的局限性就转化成了产品的稀缺性，并成为一种销售优势。

除此之外，产品的局限性或缺点如果是能够给某些客户带来一些特殊的好处，如果利益点远远大于产品的局限性，客户会自然而然做出购买的最后决定。

比如，一位销售人员在说到本厂生产的橄榄油时，就将自己厂家橄榄油的局限性很好地转化为了优势。他是这样说的："我们厂家是资金不够雄厚的私营企业，如果大量生产这种高度提纯的橄榄油，库存太多就可能出现资金周转不良的风险。所以我们生产的很少，只在固定的几家店销售。"

这里，销售人员坦白地说出了商品的局限性，表面上看是在强调劣势，实际上则是将企业不能大量生产的局限性转化成了商品的稀缺性。这样坦白局限性的话语更容易获取客户的信任。

还有一个特别典型的案例，风靡全球的哈雷摩托具有车体笨重、油耗大、难以驾驶且不安全、维修不方便、行车噪音大等一系列缺点。但是哈雷的过人之处在于，承认自身的这些局限性，找到能为这些局限性埋单的客户群。在营销方面，哈雷将这些局限性以及缺点包装为自由、狂野、放荡不羁的代名词，并与重金属文化捆绑在一起。如此一来，哈雷摩托迎合了一群追求个性自由的客户群。这些客户因为它的缺点反而更愿意接受它，且对它青睐有加。

7.6.2 不做第一，承认差距

现在很多销售人员在对企业产品进行宣传时，都会说到诸如"行业第一品牌""一线品牌"等，态度很是自信张扬。这种自我标榜显然因为过于泛泛而难以引起客户的关注。另一方面，客户心中如果有了其他品牌的定位标准，这种宣传方式还容易使客户反感。

相反，如果销售人员谦虚一点，承认自身的局限性，承认与一线品牌的差距，或者承认与行业领先者的差距，则会因这种谦逊的态度而为产品赢得更大的知名度和更多的客户。

蒙牛在成立之初，就采取了这种策略，用自身的局限性来打造卖点，蒙牛的销售人员到处说着企业的宣传语，"做内蒙古第

第 7 章 信任：如何用卖点赢取客户的信任

二品牌""为民族工业争气，向伊利学习"。

蒙牛因为这种谦逊的营销手段而迅速提升了知名度，使得客户们印象深刻，从而愿意与蒙牛合作。蒙牛逐渐发展成为国产奶市场上的一线品牌。

销售人员需要对自己所营销的产品有充分的了解，在这个基础上，以谦逊的态度摆正产品在客户心中的定位，或者确定将产品置身于行业领先者之下的定位。当销售人员不去做第一，而是愿意承认自己的产品与一线品牌有一定差距时，就能轻而易举获得客户的尊重与信任，产品品牌的知名度也会在这种信任中与日俱增。

第 8 章

上瘾：
如何让客户与产品"谈恋爱"

▼

　　如何让客户与产品展开一场谈也谈不完的恋爱，让客户为产品疯狂上瘾？超预期口碑，最匹配的影响者，Get到客户兴趣的DNA，触发使用习惯模式，迭代快跑，建立心锚，持续投入……撩到客户的秘密就在这些关键词中。

8.1 口碑,口碑,还是口碑

美国口碑营销大师马克·休斯曾提出,最具威力的营销手法,便是"把大众与媒体一起拖下水;藉由口耳相传,一传十、十传百,才能让你的品牌与产品讯息传遍全世界。"

口碑传播是个体之间的口头传播,可以说是人类最古老的传播行为之一。自从媒体传播出现并逐渐占据重要地位之后,口碑传播所占的比重就极大地被削弱了。但随着数字媒体的出现,长期被营销忽略的"口碑传播"重新大放异彩。

在移动互联网时代,数字化口碑传播极大地放大了传统环境下口碑传播的效应,并对产品品牌建设起到极大的推动巩固作用。口碑营销的效果,如图8-1所示。

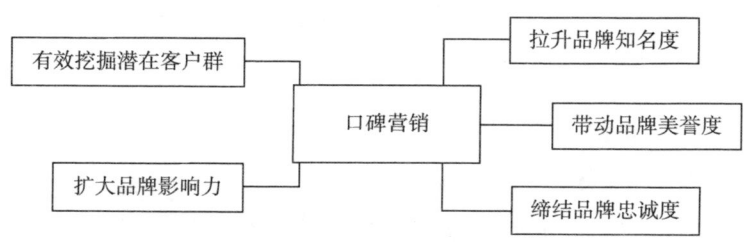

图8-1 口碑营销的效果

在如今这个媒体泛滥的时代,客户对广告,甚至新闻,都具有极强的免疫力,但人们相互之间的口碑传播却很容易引起大家的关注甚至疯传。销售人员在具体进行口碑传播营销时,如何做才能使口碑营销疯狂传播,并产生巨大的影响力?请看接下来的内容。

8.1.1 超出需求,降低期望值

在互联网时代,用传统的广告方式进行自我宣传的传递力量已经减弱,反而客户的推荐才最值得信任,最有说服力。当你的产品超越客户预期,使客户尖叫时,你的产品根本不用自己开口,客户就已经通过网络论坛、微信、QQ、直播等社交软件,引爆了口碑营销。那么,如何让客户来传递产品信息,引爆口碑营销呢?

小米总裁雷军认为:"口碑的真谛是超越客户的期望值。海底捞看上去不是很豪华,但它的服务超越了我们的期望值,所以我们觉得好。相反,我去了迪拜的帆船酒店,大家都说那是全球最好的酒店,但我无比失望,因为去之前我的期望值太高了,虽然我的失望并不是他们真的差。所以,口碑的核心就是超越预期。"雷军认为,超越客户的期望有两个途径,如图8-2所示。

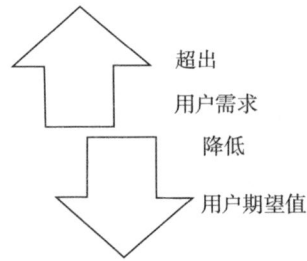

图8-2 超越客户期望的两个途径

小米的确做到了这两点。2010年4月6日小米成立,在小米创立之初,雷军向团队成员屡次强调:小米一要保持低调,二要

第8章 上瘾：如何让客户与产品"谈恋爱"

足够保密。当时，小米没有成立市场部，也没有做公关，这样可以降低客户的期望，甚至使客户零期望。在这种情况下，客户会更加理性地对产品做出判断。

相反，如果一开始就大张旗鼓宣传雷军创办了小米，小米有一只很强大的团队，MIUI 是很好的产品，就会增大人们的期望。当客户期望特别高的时候，反而容易对产品产生一定的偏见，不利于后期的营销以及口碑的传播。

事实证明，小米的这种方法很有效。直到 2011 年 7 月 12 日，小米创始团队正式亮相，宣布进军手机市场外界才知道，原来 MIUI 是小米出品的，小米是雷军创建的。而这时的 MIUI 仅靠"米粉"的口碑效应，在世界范围内，已经吸引了 50 多万名手机硬件发烧友，来自 24 个国家的粉丝自发地将 MIUI 升级为当地语言版本，MIUI 系统刷机量超过 100 万。

8.1.2 口碑疯传的六种因素

生活中，经常会发生这样一些现象：人们疯狂地连夜排队，只为了购买一款手机；人们为了抢购某一款衣服，早在一个月前就开始交预订款；人们会为了一个葱油饼排队三小时……

在社交网络发达的现代，为什么有的产品能够瞬间流行，一天之内口碑疯传，全球粉丝争相购买？为什么有的产品即便喋喋不休地强调它自身的好处，却无法让消费者投入感情，很长一段时间销量惨淡？

沃顿商学院的市场营销教授乔纳·伯杰认为，每一件爆品疯狂的口碑传播背后，都有 STEPPS 六大因素的共同作用，如图 8-3 所示。

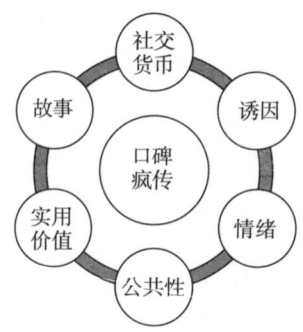

图 8-3 STEPPS 六大因素

1. 社交货币

能够使人们看起来更优秀,或者得到心理或者身体上的满足的产品和信息,即为社交货币。比如,人们都喜欢让自己看起来更好的东西,所以美食、旅游、包包等往往容易广为流传。社交货币是销售人员需要学习的重要一课。很多企业在做营销时虽然利用了广泛的营销传播渠道,但产品信息内容空洞苍白,无法满足客户的心理需求。只有提升社交货币价值,才能提高客户的积极参与度,这是口碑疯传的前提条件。

2. 诱因

诱因即兴趣点,人们只会对自己感兴趣的东西进行疯狂传播,而不感兴趣的事情则不予理睬。

3. 情绪

在 Web 3.0 时代,情感交流在品牌建设过程中变得更为直接与细微。研究发现,带有情感化,尤其是居于正面情感的内容,更容易激发人们的情绪,使人们产生情感上的共鸣,并渴望和他人有更多的分享。

第 8 章　上瘾：如何让客户与产品"谈恋爱"

4. 公共性

美国爱荷华大学传播学教授约翰·杜翰姆·彼得斯说："货币登上历史舞台之后，原有互动模式的杠杆原理就被悬置起来。于是，劳动能够存储和撒播，超越了原来的局限。"与货币一样，数字媒体的兴起同样促进了社会的理性化及大规模的人际互动。人们的从众心态产生聚群效应，它让人们强烈渴望证明自己是社会的一部分。

5. 实用价值

实用性意味着相关性，意味着你有多了解客户需求。人们更容易讨论一些实用的信息，比如"告别油腻，中年人的六个小动作""秋季如何养肺"等。这种总结性、功利性的内容更容易使人们看到其中的价值，愿意去分享。产品传播的道理也是一样的，只有具备一定的实用价值，才能使人们愿意去接受并放大产品的这种价值。

6. 故事

故事是信息的良好载体，它是最古老的、也是人们最喜欢的信息传播方式。比起宣讲式的广告或产品的功能列表，人们更愿意记住并传播的是关于产品的故事。

8.2 用影响者引爆粉丝效应

如今粉丝经济异常火爆,所谓粉丝经济,泛指架构在粉丝和被关注者关系之上的经营性创收行为,是一种通过提升客户黏性并以口碑营销形式获取经济利益与社会效益的商业运作模式。粉丝经济的关注者在早期多为偶像明星或行业里有名的人物,如今粉丝经济的外延更加宽泛,在各个领域,商家借助一定的平台,通过兴趣点聚集粉丝,为粉丝们提供多样化的商品与服务,逐渐形成粉丝圈,并最终转化成利润。

实际上,早在 20 世纪 90 年代,英国学者西尔斯就从文化娱乐与媒体行业发现一个规律:在从"广播"向"窄播"的转型过程中,忠实的粉丝就是最有吸引力的消费者。他认为电视台盈利的铁律之一就是迎合、重视粉丝,而不是追求观众数量的最大化。在制造业,人们也早已意识到品牌的价值就在于粉丝对产品感情的投入,以及粉丝与品牌建立的持久的情感联系。

在我国,粉丝经济发端于 20 世纪 90 年代后期,当时还缺乏一定的计划性和组织性。如今,"粉丝"早已呈现出职业化趋势,粉丝们以极大的热情投入他们所崇拜的明星和名流的节目、作品、团体中,他们为偶像消费的冲动是很强烈的。粉丝们逐渐开始撬动潜力巨大的"粉丝产业",粉丝经济形成了一定的规模。

第8章 上瘾：如何让客户与产品"谈恋爱"

从社会学的角度来说，粉丝经济中"粉丝"这一群体具有以下特征，如图8-4所示。

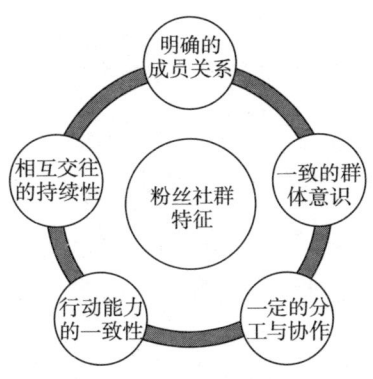

图8-4 粉丝社群特征

在粉丝经济影响下，形成了一些粉丝产业，这里列举几种主要的粉丝产业：

1. 与偶像明星、名人相关的产品

粉丝们会直接购买自己或社群粉丝们关注对象的内容产品，如演唱会、电视剧、电影等。粉丝们也会直接购买关注对象代言的产品，如明星代言的食品、衣服、生活用品等。粉丝们还会购买一些明星喜欢的美食、衣物等，这些物品未必与明星直接相关，但由于爱屋及乌的心理，这些产品也会受到粉丝们的青睐。

2. 因粉丝关注产生的一些消费行为

粉丝为了追随关注对象，会在交通、餐饮、酒店等方面有一定的消费。粉丝因关注产生的消费行为，对一些行业来说，有着巨大的带动作用。

3. 因粉丝支持而带来的品牌无形资产

比如，湖南卫视的"超级女声""爸爸去哪儿"等综艺节目，都是由粉丝支持推动逐渐形成了品牌营销。据估计，这些品牌资产已经达到几个亿。比如，超级女声刚开始播放时，有人抢着注册超级女声域名，并且报出了500万元的售价。为什么这么高？粉丝关注度决定收视率，收视率又决定了赞助商广告的投入以及收益等。

4. 粉丝社群经济

阅读、听歌、看电视……粉丝们的所有行为并不是私下的、孤立的，而是集体呈现的，这就使"粉丝团"这种营销模式获得了一定的发展空间。一些平台纷纷为粉丝们提供交流的空间，还组织发动一些团购活动，使得粉丝们在消费某产品或服务时得到更多的优惠。此类平台也因为粉丝火爆而吸引了大批的广告商。

销售人员可以参照上述一些粉丝产业的模式，根据自己的产品与服务，选择适用的粉丝营销模式，用粉丝效应引爆品牌卖点。

8.2.1 选择与品牌匹配的影响者

在品牌营销概念里，影响者营销是指通过社交平台或行业内有话语权的影响者的影响力，使其粉丝或大众深刻了解品牌，并因爱屋及乌，转化为影响者所倡导品牌的忠实粉丝。《纽约时报》畅销书作家克里斯·布洛根曾提出一个关于品牌影响力的方程式，如图8-5所示。

在这个公式里，所谓对比度，即此品牌与其他品牌相区分的品牌核心价值。销售人员通过对这种核心价值所传达的信息针对性的描述，提高品牌被客户识别、接收的概率。对比度是品牌能否被客户识别的关键因素。触及率、曝光度、表达方式、信任

第 8 章　上瘾：如何让客户与产品"谈恋爱"

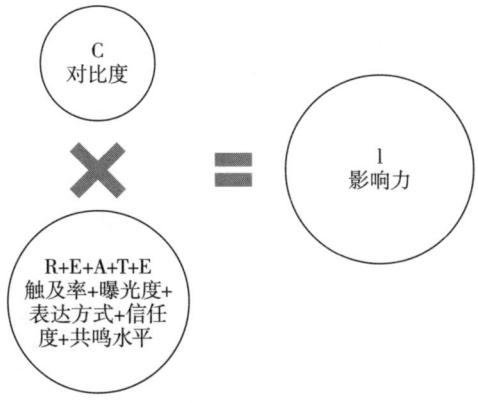

图 8-5　品牌影响力方程式

度、共鸣水平这几个因素是品牌是否具备影响力，是否能够产生强大粉丝效应的变量因素。这几种因素都与对粉丝施加影响的影响者息息相关。

品牌只有选择与自己相匹配的影响者以及特定粉丝群，才能充分发挥影响者的影响力，拉近品牌与粉丝之前的距离，使消费者信任品牌，引发共鸣，成为品牌的忠诚粉丝，并愿意与周围人分享关于品牌的信息。

总统慢跑鞋 New Balance 邀请"中国第一网红"Papi 酱担任主角出演广告"致未来的我"。广告片时长 2 分 36 秒。字幕出现广告主题"致未来的我"，情景是 Papi 酱回忆自己来北京后的心路历程，有着强烈的正能量。一句"不要为了天亮去跑，跑下去，天自己会亮！"伴随着"Papi 酱跑了"这一热门话题，使这则广告收割了巨大的流量和关注度。

New Balance 曾经的广告主角是年近 60 岁的李宗盛，如今却选中 30 岁的 Papi 酱，这是为何？New Balance 相关负责人表示，"Papi 酱的影响力非常大，也能够帮助我们跟学生沟通。"Papi 酱版本的广告是为了配合 New Balance 的校园接力赛事活动。简单来说，如果说李宗盛版广告代表的是三四十岁的具有消费活力的一族，那么，New Balance 选择 Papi 酱合作其实是为了取悦正在崛起的千禧一代的消费者。

New Balance 深知，现在的营销市场已经从人口数量红利向粉丝质量红利转变，粉丝是决定企业营销成败的关键。企业的产品与营销方式必须匹配新生代的爱好。企业如果想对接千禧一代和重度消费者，利用粉丝数量巨大且与自身品牌形象毫无违和感的网红，是数字化营销致胜的一条捷径。

还需要提醒大家的是，选择不同的影响者来宣传品牌时，必须要注意的一点是，每位影响者背后的粉丝群体有着不同的信息获取习惯和偏好，因此，你需要对不同的影响者进行针对性内容创作，风格上可以是专业的，也可以是生活化的、娱乐化的，或者是其他需求形式的，但风格要与影响者本人的风格相吻合，不要有任何违和感，这可以最大限度地提升粉丝黏性，也是提高企业营销运营效率的关键之处。

8.2.2 拟粉丝化 VS 拟偶像化

企业品牌在选择好与其匹配的代言人后，仅仅是通过代言人对其品牌进行广告方面的阐释，显然是不够的。品牌要想使影响者的粉丝转变为消费者，还需要与粉丝建立良好的积极互动关系，充分调动粉丝的积极性。

联想与肯德基都选择鹿晗为其代言人，他们的营销策略值得借鉴：

传统的品牌宣传中，经常会出现这样的现象，一旦明星代言

第8章 上瘾：如何让客户与产品"谈恋爱"

期结束，粉丝们对品牌的热情也会逐渐变淡，并开始转向其他品牌。鉴于此，联想小新笔记本提出一个"拟粉丝化"的概念，他们设计了一个与产品有关的玩偶形象，不但形象呆萌，惹人喜爱，与粉丝互动的方式更是直戳人心。联想以这种方式在粉丝心里留下好感，即使偶像鹿晗为联想小新笔记代言期满，粉丝们依然对品牌持有一定的热情。具体来说，小新的"拟粉丝行为"，如图8-6所示。

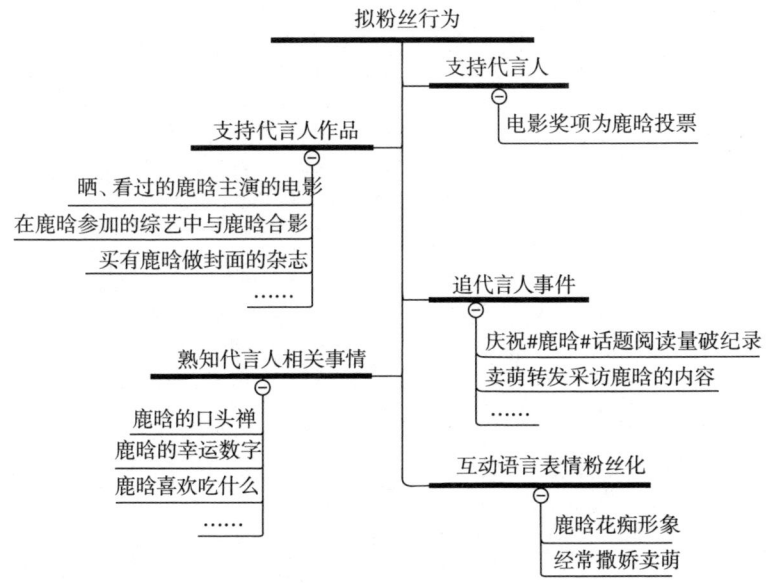

图8-6 拟粉丝行为解析

联想小新以粉丝的身份与鹿晗的其他粉丝进行互动，使小新产品在粉丝中获得了极好的口碑。这样的和谐关系使得粉丝们开始亲近明星代言的品牌，并将小新的拟人化形象与品牌发生关联，在心中植入此品牌，成为此品牌的忠实粉丝。

肯德基同样是请鹿晗代言，但与联想走的是截然相反的路线。肯德基设置"鹿晗店长"这个称号,进行"拟偶像化"商业运作。肯德基还称女粉丝们为"店长夫人"。如此一来,直接拉近了粉丝们与品牌的心理距离。粉丝们的购买欲暴涨。此外,肯德基店内的立牌、桌贴、窗贴等各方面,也都是鹿晗的各种新照。粉丝们还能获赠鹿晗海报、小卡片等,这也在无意中推涨了粉丝们的消费热情。

8.3 寻找产品卖点与客户习惯的最佳链接点

诺贝尔获奖者、俄国生理学家伊凡·巴甫洛夫在1899年做了一个非常著名的实验——条件反射。他起初对狗进行一些训练，每次响铃之后，给狗一些食物，狗得到食物会分泌唾液。反复一段时间后他发现，只要铃声响起，不管是不是给了狗食物，狗都会分泌唾液。而这种条件反射不仅仅存在于动物身上，人类同样有这种条件反射行为。巴甫洛夫认为，我们的一切培育、学习和训练，一切可能的习惯都是很长的系列条件的反射。

巴甫洛夫的这个实验结果对后世产生的影响是不可估量的。条件反射被发现之后，心理学界使用条件反射来治疗一些疾病，教育界普遍使用条件反射来培养学生的学习习惯，都取得了很好的效果。条件反射的理论同样适用于营销领域，如图8-7所示。

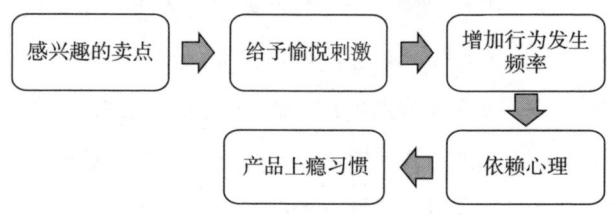

图8-7 客户购物条件反射理论

我们需要用客户感兴趣的卖点来触发客户的购买行为,然后通过免费、鼓励、酬赏等,不断给予客户以愉悦的感官刺激,鼓励客户将这种"对产品的热爱"巩固,巩固,再巩固,直至对产品生成依赖心理,形成习惯。

概括来说,一要通过一定方式找到客户真正感兴趣的卖点刺激物,二要使用上瘾模式激发客户的条件反射心理。做到这两点,就能将客户转化为产品的忠实粉丝。

8.3.1 Get 到客户兴趣 DNA 数据

《大数据时代》的作者维克托·迈尔·舍恩伯格说:"数据就像一个神奇的钻石矿,当它的首要价值被发掘后仍能不断给予。它的真实价值就像漂浮在海洋中的冰山,第一眼只能看到冰山的一角,而绝大部分都隐藏在表面之下。"

在大数据时代,精明的销售人员早已从大数据入手来分析客户,对客户需求进行深度挖掘,精准定位,并根据对客户的定位找到客户感兴趣的卖点,进行卖点营销。

最为简便的客户数据来源莫过于客户的网上足迹。如今,大量的客户通过网络进行工作、生活,客户在网络上的一些行为,诸如阅读新闻、用打车软件约车、在淘宝买衣服、在京东买电器等,这些行为以大量碎片化数据的形式存储下来。销售只需要通过专门的工具,对这些数据进行收集、整理,就能轻而易举洞察客户的购物行为心理,找到客户真正感兴趣的卖点所在。

获取客户行为信息的方法有两种,一种是客户本身在网站的注册信息,另一种是访问行为和浏览行为信息。搜集客户消费行为大数据可通过四个步骤来实现,如图 8-8 所示。

第8章 上瘾：如何让客户与产品"谈恋爱"

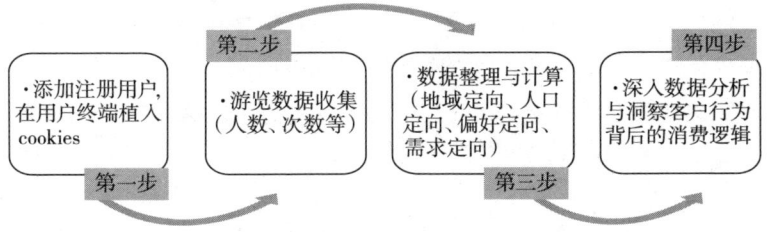

图 8-8 搜集客户消费行为大数据的四个步骤

销售人员可以通过数据分析锁定客户的兴趣引擎，根据客户兴趣，制定个性化的卖点推广营销策略。我们以"今日头条"APP 为例：

今日头条成立于 2013 年，最初只是一家小公司，有一支没有新闻基础的团队。但在短短几年就做出了一款注册用户 5 亿以上的火热新闻产品。它是如何将一款 APP 产品打造成全民爆品的呢？

今日头条创始人张一鸣认为，所谓个性化推荐，本质上是不需要客户做出任何选择的，因为每选择一样都要思考一下，过程还是比较痛苦的。只有让客户方便、偷懒的应用，才能体现出真正的个性化推荐。因此今日头条最大的亮点在于只需绑定社交账号，从此不再需要任何操作。

今日头条一旦绑定社交媒体账号，推荐引擎就会在 5 秒钟之内为用户建立起一个 DNA 兴趣图谱。这个图谱类似于一个数学模型，主要根据用户社交媒体账号上的标签、关注人群、好友、评论、收藏、转发消息等数据，以及用户的手机、位置、使用时间等数据提取而来。这些大数据还可分为可视数据与不可视数据部分，用户的兴趣、爱好等属于可视数据，用户的情绪、风格等属于不可视数据。系统会根据已有大数据以及用户接下来产生的大数据，对用户的兴趣进行衡量，不断根据用户的兴趣进行内容推介。用户用的越多，内容推介就越贴近用户的阅读习惯，进而用户也就越发依赖这款 APP。每天阅读使用这款 APP 已经成了用户戒不掉的"瘾"。

8.3.2 触发→行动→酬赏→投入

1992 年诺贝尔经济学奖得主加里·贝克尔成功地建立了理性上瘾理论及其数学模型。贝克尔提出这样一个理念：成瘾性行为，即使其程度很深，从包括稳定偏好的有预见性的最大化行为的意义上讲，通常也都是理性的行为。

以这种理论为基础，在营销领域流行过这样的思路，即"占领客户大脑——引导客户重复购买"。销售先要以卖点占据客户的心智，忠诚的客户通常会在高频率、重复购买产品并推荐给别人购买的行为中，把他的这种购买行为逐渐变成一种习惯。

到了移动互联网时代，曾在斯坦福大学商学院与 Hasso Plattner 研究所任教的尼尔·埃亚尔和媒体撰稿人瑞安·胡佛在这种理论基础上，合作出版了著作《上瘾》，并提出了"上瘾模型"。他们将产品内化使客户养成上瘾习惯的这一过程分为四个阶段，如图 8-9 所示。

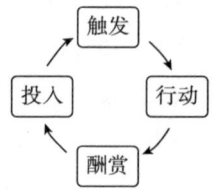

图 8-9　上瘾模型

第 8 章　上瘾：如何让客户与产品"谈恋爱"

从营销的角度来说，这个模型有着如下意义：

1. 触发

即找到促使客户使用、购买产品的诱因。触发分外部触发和内部触发。客户习惯依赖的那些产品往往是外部触发最先发挥作用，例如电子邮件、手机应用程序等，外部触发通过将产品卖点信息渗透在客户生活的各个方面来引导他们采取下一步行动。内部触发通过客户记忆存储中的各种关联来提醒他们产品的卖点能给他们带来的益处，使其对产品产生购买兴趣。

2. 行动

行动要兼具动机和能力，有了动机，还需要客户的能力足够完成行为。在这个阶段，销售人员应充分展示产品的实用性和艺术性等卖点，还必须确保卖点有足够的驱动力，可驱动客户提高购买行为的发生频率。

3. 酬赏

产品在满足了客户的需求之后，可能出现两种情况，一种是"有限的多变性"，随着时间的推移，产品对客户来说失去了吸引力；另一种是"无穷的多变性"，客户可能因为需求的满足而激发出更强烈的购买欲。在这个阶段，销售人员可对产品添加"多变酬赏"的卖点，使客户有期待感，使客户头脑中负责理性和判断的部分让位于负责购买欲望的部分。

4. 投入

对某一事物投入越多，越觉得它物有所值，这是人们的一种普遍心理。在这一阶段，鼓励客户对产品投入一些更有价值的东西，比如付费后享受更多的会员特权等，鼓励客户更深入参与产品的改进与升级，使客户离不开产品。客户通过投入，就会产生下一次触发，一个正向的上瘾循环圈就形成了。

"王者荣耀"这款腾讯游戏，注册客户超过 2 亿，日活跃客户超 8000 万，渗透率达到 22.3%，可以说每七个人中，就有一个人在玩"王者荣耀"。王者荣耀为什么如此使人着迷？我们用上瘾模型来粗略分析其让客户上瘾背后的营销元素。

1. 触发元素

（1）王者荣耀作为移动端游戏，比网游更方便进入平台，参与条件更低，且对手机的配置要求不高。

（2）王者荣耀具有腾讯和微信两大社交渠道优势，朋友们都在推荐这款游戏，于是，客户就会对这款游戏产生好奇心，想尝试。

（3）网络上相关评论、段子、新闻等，都对王者荣耀起了一定的宣传作用。

2. 行动元素

（1）王者荣耀中客户参与的门槛较低，上手快，速度快，玩一局只需要 15 分钟，将游戏体验留在"心流区"，使人专注游戏体验且意识不到时间的流逝。

（2）王者荣耀每一次的匹配玩家和匹配的角色都是不同的，让客户对于每一次的尝试都有不同的期待和刺激。

（3）在王者荣耀中，从青铜进阶到王者是一个漫长的过程，这款产品利用合理段位等级来吸引、刺激客户排位，使客户黏度增强。

3. 酬赏元素

（1）王者荣耀中存在一种"游戏平衡"，注重互动竞技。胜负的因素不在于玩家付费，而注重个人操作、团队合作以及其他

第 8 章 上瘾：如何让客户与产品"谈恋爱"

因素。

（2）王者荣耀中"每日任务"是不可或缺的一部分。比如，每日任务中设置活跃度开宝箱，完成任务送经验、活跃度或某英雄体验。

4. 投入元素

（1）王者荣耀的投入可以说是客户关系，也可以说是成就系统。当客户在游戏中有自己的成就系统并不断升级后，就逐渐形成了习惯。

（2）王者荣耀有温情时间提醒，以免玩家沉迷游戏。但从另一个角度来说，这种温情提醒反而使得客户对其情有独钟，将更多的时间和精力花在了这款游戏上。

8.4

卖点营销也需要快跑与迭代

如今,有很多销售人员发现这样一个问题:企业传统的营销渠道已经逐步走向衰亡,营销渠道发挥的作用越来越小,客户流失率高。这其中最大的原因就是,传统商业营销模式的老化,传统的大批量销售模式已经不适应客户的发展需求了。大量批发、压低成本、降价销售、市场投放量等,这些传统的销售方式使企业的资金链面临问题,无法进行持久化分销。

在移动互联网社群经济时代,传统销售要想破冰,必须尝试"小步试错,迭代快跑,注重客户体验"的营销方式。你所使用的营销模式也要根据客户需求、体验与反馈不断地迭代快跑,在这个过程中逐步试错,找到与你的产品与服务最为匹配的营销方式。

8.4.1 依靠客户反馈使卖点迭代

在这个时代,产品营销模式已经不是一次性找对卖点,做好营销方案策略就能大卖,而是需要及时试错,根据客户需求以及使用体验反馈信息改进产品,重新定位卖点,调整营销模式,改变营销策略。唯有如此,才能迅速甩掉竞争者,使产品在市场上

第8章 上瘾：如何让客户与产品"谈恋爱"

有一席之地。

小米前期积累了一大批忠实的米粉，最初的 MIUI 也只在米粉中推广，小米通过收集这些粉丝们的反馈，不断试错，迭代开发，最终获得了巨大的网络推广效应。

微信之父张小龙在微信内部举办的一次"领导力大会"上提到，当年 QQ 邮箱在推出之后，不断获取客户反馈，不断改进迭代，最终促成了 QQ 邮箱获得巨大成功。

Facebook 在推出之初，不过是哈佛校内的花名册，经过不断迭代优化后，才逐步扩展到常春藤学校，并慢慢延伸至全美国，最后推广到全世界。

早已深深根植于人们心智之中的老品牌——海尔冰箱，并没有因循守旧，随着科技发展与时代变化，海尔与时俱进，根据客户反馈使卖点不断快跑迭代。海尔除了传统的节能降噪、注重品质等卖点之外，还开发出更多的新卖点，诸如智能化、故障自动显示等。海尔在新媒体领域，其营销虽然花样百出，但始终坚持"以客户为中心""根据客户反馈来迭代产品卖点"。以海尔与新媒体营销领域口碑行家故宫淘宝的合作为例：

起初，故宫淘宝的一个粉丝在微博上留言，建议推出一个叫作"冷宫"的冰箱贴，以后家里的剩菜剩饭就可以"打入冷宫"了。

对于这个奇葩的建议，故宫转发了这个微博，说："现在都是一些什么人呀。"与此同时，有粉丝也同海尔说："你们什么时候和故宫合作，出一款冷宫冰箱。"海尔编辑反应迅速，说要认真考虑这件事。于是，海尔的微博立即火了，获赞 3 万次，粉丝们强烈要求必须快点做这样一款冰箱。

海尔新媒体部门通过集体研究这个方案，作出了一份厚厚的客户调研反馈,告诉工程师开发这款冰箱的必要性。并说:"现在有超3万个客户想要这款冷宫冰箱,你们做不做?你们不做,我给××企业做。"海尔集团开了一个紧急会议,决定做这款冰箱。

在商讨24小时后,海尔就在微博上提议,客户们可以亲自对这款冰箱进行设计,也有客户提供了冷宫冰箱的设计图。一个星期后,这款叫作冷宫的冰箱就问世了。海尔在第一时间将冰箱送到提供设计图的客户手上。海尔冷宫冰箱依靠口碑,以及客户反馈,极大地推动了产品的迭代快跑以及营销业绩的飞速猛涨。其实,在这个过程中,海尔的营销模式又何尝不是经历了一番迭代与快跑?

8.4.2 营销模式的不断迭代与创新

从整个零售圈大趋势来看,自从马云在2016年年底提出"新零售"的概念后,2017年就成了"新零售"元年。传统的零售圈一直是以服务好客户为主旨的,但是随着技术的迭代,思维的升级,零售圈传统的会员模式也开始进行新一轮的创新,以客户体验为出发点,从传统"会员模式"走向"订阅模式"。订阅模式成为新零售中最大的卖点。

在传统的会员营销模式下,"会员身份"是一大卖点。零售商会赠予客户会员身份,享受一定的优惠。在客户获得会员身份后,零售商需要定期发送会员优惠信息,制作宣传册,其间成本较多。在这种销售模式下,客户缺少体验环节。很显然,这一模式增加了零售商的成本,但却很难激发会员的购买欲。

在体验为王的时代,零售商将传统的会员销售模式迭代转化

第 8 章　上瘾：如何让客户与产品"谈恋爱"

为"订阅模式"。客户在每次消费的过程中获得极大体验感的满足，这就使客户对零售商的信任感增加，逐渐培养了对某种产品或服务的消费习惯。

与此同时，在订阅营销模式下，"为体验付费"是典型的营销策略。客户一旦为这种体验付费之后，就具备了自驱力，想赚回自己的会员费。这种情况下，零售商只要根据客户反馈，及时升级产品或服务，使客户具有良好的体验，那么，客户自然而然就离不开零售商了。零售商通过订阅式营销模式，培养了大批忠诚的粉丝。

以亚马逊为例，据数据统计，2016 年年底，亚马逊会员订阅人数达到 7400 万，而到了 2017 年 10 月，亚马逊的会员订阅数达到 9000 万人。摩根斯坦利的数据表示，40% 的亚马逊订阅会员年消费超过 1000 美元，而只有 8% 的非订阅会员达到这一数字。

这就是客户典型的"报复性消费"心理，既然我是订阅会员，我就不用凑 35 美元免运费门槛，于是，客户的购买欲就释放出来了。又因为亚马逊为订阅会员提供 2 日内送达免运费的服务，因此，客户们在亚马逊购买的品类更多，书籍、生活用品、清洁用品等，亚马逊自然而然地就吸引了一批传统实体店的客流。

8.5 聚焦卖点感动因素，让客户成为产品的狂热粉丝

有些销售人员认为客户对产品很难做到真正上瘾。当同一品类产品打出价格战、新概念、情感牌的时候，客户对本品牌产品的依赖性减少，逐渐出现倒戈现象。尽管本产品也会采取一些新的营销策略，也会不断根据客户反馈迭代升级，但仍然无法阻止客户的"移情别恋"。究其原因，不是客户对产品不够热爱，而是你的产品营销并没有永久感动消费者。

被誉为"现代营销学之父"的美国经济学教授菲利普·科特勒提出了营销3.0的理念。与营销1.0以产品为中心的时代以及营销2.0以客户为导向的时代不同，在营销3.0时代，随着网络的深入发展，信息已经变得高度互联，客户的消息异常灵通，营销传播不再像以往一样单纯追求对客户进行信息灌输，而是以媒体的创新、内容的创新、传播沟通方式的创新去征服目标受众。企业必须开发出能够激发和反映客户价值观的产品、服务和公司文化。销售人员应把品牌定位到客户的思想和精神中，打动客户的内心。

销售人员为了适应这种变化，在营销策略方面，更专注于客户的情感需求，情感营销、体验营销、品牌资产营销开始主导市场。销售人员比以往任何时候都更为关注客户的内心需求。"感

第8章 上瘾：如何让客户与产品"谈恋爱"

动营销"的营销方式随之而来。所谓感动营销，就是在销售过程中促使客户感动和心动，从而让客户产生购买冲动并因感动而对产品产生一种持续依赖的感情。

感动营销与其他营销策略一样，都是基于客户的消费心理来开展的，先对客户的心理进行分析挖掘，找到消费行为背后的情感痛点。比如，寻求理解、渴望尊重、满足虚荣心、实现未被满足的愿望、得到安全感……销售人员再针对客户的情感痛点进行营销环节设计，赋予产品打动客户的情感因素，引发客户共鸣。

当然，要让客户对产品上瘾，养成使用产品的习惯，还必须采取相应的营销策略使客户高频次使用和感知产品，能够对产品长期投入情感，并在这种与产品的长期互动中，擦出火花，对产品上瘾。

8.5.1 建立心锚，绑定体验

如今，一些成功的互联网产品公司都会利用心锚这一工具，将客户的良好情绪与产品绑定在一起，从而助推、维护客户关系，增加客户黏性，使客户对产品持续上瘾。

所谓心锚，即人内心某一心情与某一事物、事件、想象、动作或表情的链接而产生的条件反射。当条件与反射之间链接模式衔接完好后，人的心锚就建立了。打个比方，有人喜欢看喜剧，因此，当他看到电视上出现了熟悉的喜剧明星时，即便人家还没有表演，他也会很开心。

在营销中，如果你能够将客户的正面情绪与产品或产品的某一部分之间建立链接，产生心锚效应，你就能轻而易举地维持客户关系，增强客户黏性。心锚建立的模型，如图8-10所示。

图 8-10 心锚建立模型

1. 寻找时机

在这个阶段,你的主要目标是客户的正面情绪状态,可通过寻找、创造以及调用来达成目标。具体来说,你可以对特定目标群体的普遍性工作模式、生活习惯规律等进行数据调查,在此基础上,找到特定客户群较高概率的情绪状态。比如,客户在下班时间段、周末睡懒觉醒来后多数情况下心情会愉悦,在此时,你可选择产品推送,使客户的积极情绪与产品相锚定。你还可以创造强烈的情绪状态,并使得客户在这种情绪的感染下,获得满足感。你还可以通过产品调动触发客户的积极情绪,使客户暂时处于正面情绪状态。

2. 建立诱因

诱因是独有的心锚信号。任何的人、事、物都可以成为诱因,从产品的角度来说,产品本身就可以成为一大诱因。诸如,产品的图像、声音、震动效果等。最佳的诱因一般具备三个特征,即独特、准确、多样化。诱因并不是建立心锚的必要条件,但却是建立心锚的捷径。比如,"三只松鼠"给人印象最深的是"萌","卖萌"是它调动客户积极情绪的诱因,"三只松鼠"萌萌的形象、可爱的名字、鲜明的性格等使品牌更加立体化。客户每次点击"三只松鼠",弹出一些"主人,您好"之类的话,客户的积极情绪就会被诱导出来。当客户每次购买"三只松鼠"时,这种"萌营销"就会立即引导出客户的积极情绪,久而久之,使客户的积极情绪与页面进行了绑定。

3. 多次重复

有些情况下，客户与产品之间的链接很强烈，客户与产品就是"一见钟情"。有的情况下，客户与产品之间的感情属于"慢热"。这种情况下，为了巩固心锚效应，销售人员需要做的就是持续施加相同的诱因。

4. 唤醒心锚

当客户与产品之间建立了心锚之后，我们可以通过诱因的引导，唤起客户的心锚效应，使客户随时进入锚定的情绪状态。比如，很多人工作时会来一杯咖啡，一喝咖啡就头脑清晰，很精神，效率得到提升。久而久之，他的大脑某部分神经就会与咖啡的味道、标识等锚定。即使处于休息状态，一看到咖啡标识，或闻到熟悉的咖啡味，就很快将那种工作时的感觉调动出来了。

8.5.2 持续投入之后的上瘾

行为心理学家认为，人们的某个动作或想法，如果重复21天，就能变成一个习惯性的动作或想法。也就是说人们的一个新习惯或理念的形成乃至巩固至少需要21天的时间。在营销学中，客户一旦对某种产品产生兴趣，并持续投入一定的精力和时间，客户逐渐会养成使用产品的习惯。

当然，如果能够根据客户使用产品过程中的反馈，进行不断迭代更新，使产品更适应客户的使用习惯，客户就会对产品或服务投入更多的时间和精力，就会越发重视该产品或服务，从而对产品形成上瘾性依赖。

行为学专家丹·阿雷利、迈克尔·诺顿等人在2011年曾对人们的劳动投入重视程度进行过一项实验调查。

在美国一所大学里，他们选择了一部分学生作为实验对象，要求学生们根据说明折出一只千纸鹤和青蛙。在折叠结束后，第一组学生们被要求购买自己的折纸作品，购买的价格范围为 1~100 美元。学生们可在这个价位区间自由选择。与此同时，第二组同学在不知道折纸创作者身份的情况下，被要求以相同的程序对那些作品进行竞投。

结果显示，自己动手折纸的第一组学生对自己所折叠的千纸鹤与青蛙的价值估值明显高于第二组学生。也就是说，付出劳动投入的人会对自己的劳动成果附加更多的价值。

很多企业都是利用客户投入这一心理特点，使客户为公司的产品赋予更高的价值。宜家采取的策略就是基于客户的这种心理。与其他公司销售已经组装好的家具不同，宜家的家具是客户自己动手就可以组装的。客户通过这种劳动投入，对宜家的家具会生出一种非理性的热爱，而宜家也会根据客户的反馈，不断完善家具产品的设计，将更好的产品提供给客户。这样，宜家家具和客户之间就自然而然形成了一种互惠式投入，客户也逐渐对宜家家具上瘾。

产品、服务与客户之间的关系，也不单纯是一方的"投入"，其实也有一定的"互惠心理"在里面。人与人之间，如果别人给了你什么好处，你也会尽量回报，就在这种互惠过程中，彼此之间的关系更加密切了。

产品、服务和客户之间也存在这种现象。客户如果对产品进行持续投入，产品、服务又因为不断迭代给客户更好的体验，客户与产品、服务之间就会形成一种互惠关系，两者的关系就会越发密切。可以说，客户在产品或服务方面投入的多少与客户对产品或服务的热爱程度是成正比的。